相处之道

如何与难相处的人共事

[美] 艾米·加洛（Amy Gallo）———— 著

关凤霞 ———— 译

GETTING ALONG

HOW TO WORK WITH ANYONE
(EVEN DIFFICULT PEOPLE)

华龄出版社

HUALING PRESS

Title: Getting Along: How to Work with Anyone (Even Difficult People)
By: Amy Gallo
Original work copyright © 2022 Amy Gallo
Published by arrangement with Harvard Business Review Press
Unauthorized duplication or distribution of this work constitutes copyright infringement.
Simplified Chinese edition copyright © 2023 by Beijing Jie Teng Culture Media Co., Ltd.
All rights reserved.

北京市版权局著作权合同登记号 图字：01-2023-3356 号

图书在版编目（CIP）数据

相处之道：如何与难相处的人共事 / (美) 艾米·
加洛著；关凤霞译. -- 北京：华龄出版社，2023.7

ISBN 978-7-5169-2581-2

Ⅰ. ①相… Ⅱ. ①艾… ②关… Ⅲ. ①人际关系—通
俗读物 Ⅳ. ① C912.11-49

中国国家版本馆 CIP 数据核字 (2023) 第 154080 号

策划编辑	颉腾文化			
责任编辑	王 慧		责任印制	李末圻
书 名	相处之道：如何与难相处的人共事		作 者	[美]艾米·加洛（Amy Gallo）
出 版发 行	华龄出版社 HUALING PRESS		译 者	关凤霞
社 址	北京市东城区安定门外大街甲 57 号		邮 编	100011
发 行	（010）58122255		传 真	（010）84049572
承 印	文畅阁印刷有限公司			
版 次	2023 年 9 月第 1 版		印 次	2023 年 9 月第 1 次印刷
规 格	880mm×1230mm		开 本	1/32
印 张	8.75		字 数	204 千字
书 号	ISBN 978-7-5169-2581-2			
定 价	69.00 元			

赞誉

本书既实用又饱含睿智。艾米·加洛就是那个帮你迈出职业生涯下一步的人。如果你只是想赢得下一场争论，或者说服他人以你的方式看待问题，那这本书不适合你。要想让书中所给的明智建议发挥作用，你就必须切实关心他人的想法，有了解他人的意愿。

——艾米·埃德蒙森（Amy Edmondson），哈佛商学院诺华领导力与
管理学教授，著有《无畏的组织》（*The Fearless Organization*）

一本通俗易懂、方法切实可行的书，教你如何处理最棘手的合作关系，并将其转化为最有益的工作关系。

——亚当·格兰特（Adam Grant），《纽约时报》排名第一的畅销书《重新
思考》（*Think Again*）的作者，主持 TED 播客《工作生活》（*WorkLife*）

每个职场人都必须拥有的一本书。艾米·加洛的这本书真是一个技巧宝库，实用而又有据可循。今后的许多年，我都会参考并推荐这本重要的指南！

——多莉·丘格（Dolly Chugh），著有《你想成为的人：好人如何
克服偏见》（*The Person You Mean to Be: How Good People
Fight Bias*）和《更公正的未来》（*A More Just Future*）

关于如何处理我们在工作中都会面临的艰难关系，这本书是我读过的最有用、最吸引人的一本书。艾米·加洛指出了每个组织中都可能存在的八种令人发愁的同事类型——比如缺乏安全感的领导、"万事通"和施虐者——并结合了研究、精彩的故事和令人信服的讲述方式，告诉你如何改变你与难相处的同事的关系，如何使关系更加健康，往更好的方向发展。她还说明了为什么这些努力都是值得的。

> ——罗伯特·萨顿（Robert I. Sutton），畅销书作家，著有《好老板，坏老板》（Good Boss, Bad Boss），合著有《走向卓越》（Scaling Up Excellence）

艾米·加洛的这本书对工作中的人性进行了深刻的思考，而且非常实用。它为我们提供了明智而富有同情心的指导，教我们如何与"难相处的人"共事——包括处理我们在自己内心制造的困难。

> ——马提亚斯·比尔克（Matthias Birk），纽约大学瓦格纳公共服务研究生院领导力兼职副教授，伟凯律师事务所（White & Case）合伙人发展部全球总监

终于有一本简单务实、有理有据、切实可行的指南了，它可以提高我们应对难相处的同事和老板的能力——无论他们有多难打交道。艾米·加洛真是太棒了！

> ——托马斯·卡莫洛-普雷姆兹克（Tomas Chamorro-Premuzic），万宝盛华集团首席创新官，英国伦敦大学学院和美国哥伦比亚大学商业心理学教授，著有《为什么这么多不称职的男性成为领导？》（Why Do So Many Incompetent Men Become Leaders?）

本书是一本细致入微、实用且急需的指南，教你如何与最难相处的同事打交道。本书给出了很多切实可行的策略和引发共鸣的例子，它将改变你处理工作关系的方式。

> ——利兹·福斯林（Liz Fosslien）和莫莉·韦斯特·达菲（Mollie West Duffy），《华尔街日报》畅销书《情绪的力量》（No Hard Feelings）和《重要的感受》（Big Feelings）的合著者

艾米·加洛对如何处理职场中充满挑战的人际关系提供了非常有价值的见解。这种实用且基于实证的方法对处于职业生涯各个阶段的人都有很大帮助。

——卡里恩·特沃伦奈特（Karyn Twaronite），多元、平等、包容（Diversity, Equity, and Inclusiveness）领域的全球领导者

本书富含敏锐的洞察力和同情心，同时提供了切实可行的指导，让你能够充分利用具有挑战性的工作关系。你不仅能学会如何与难相处的人打交道，还能学会如何成为一个更好的同事。

——多利·克拉克（Dorie Clark），《华尔街日报》畅销书《长期游戏》（*The Long Game*）的作者，杜克大学福库商学院工商管理系兼职教授

对于任何想要提升工作关系和工作体验的人来说，这本书都是一本必读书。加洛不仅针对最难缠的职业性格（是的，甚至是你想不到的性格！）提供了可行策略，还深刻阐释了为什么有效处理这些关系对你的职业成功至关重要。

——海蒂·赵（Heidi Cho），数字媒体高管、高效团队建设者

工作中最好的部分在于人，最坏的部分也在于人，这本书可以帮助你有效地处理这一点。这是一个早就应该进行的重要讨论，因为如果没有高质量的工作体验，那么便很难拥有高质量的生活。

——吉姆·麦卡锡（Jim Mccarthy），Stellar Live 平台联合创始人兼首席执行官，Goldstar 联合创始人兼前首席执行官，TEDxBroadway 联合创始人

序言

我们就不能和睦相处吗？

在我职业生涯的早期，我找了一份工作，当时的直属上司出了名地难相处，在这里我且称她为伊莉丝吧。很多人都警告过我，说伊莉丝很难相处，对此我倒没有怀疑，只是我觉得自己可以应付。因为我自觉与任何人都能友好相处，而且引以为豪。我能让自己不被别人激怒，也能看到每个人最好的一面。

结果，我入职不到两个月就想辞职。

伊莉丝比我想象的还要糟糕。她每天工作很长时间，而且连周末也不放过。虽然她没有明确要求自己的团队也这么做，但她经常会在早上八点半跟进前一天傍晚6点才提出的要求。她还对我每天可以完成的工作量抱有不切实际的期待。每次她给我安排新任务的时候，我都会解释说，这样做会影响另一项需要"优先完成"的任务，那是她一周前才布置的，而且当时说是紧急任务。

可这时她会说："你为什么要花时间做那个？"

最让我头疼的是，她爱说我队友的坏话，还质疑他们的职业道德和对公司的投入度。她会定期查看同事的日程表，指出他们在不开会的日子里完成的工作少得可怜。这导致我忍不住怀疑伊莉丝在背后也会批评我。

压垮我的最后一根稻草出现在一个周日的晚上，那是我开始为她工作三个月以后，当时我正在哀叹周末过得太快。我故意远离工作，甚至一眼没看电子邮件，但是我并没有觉得自己休息了。相反，我花了太多时间在"想"伊莉丝——遛狗的时候，带我女儿去参加他人生日聚会的时候，甚至半夜醒来还在担心周一会发生什么事。

我和老板的关系已经入侵了我的心灵，而且随着时间的推移，它慢慢变得更重要，或者至少更耗时，甚至超过了我和我最关心的人的关系。

当然，在工作时间之外想工作的事并不罕见，尤其是在家庭生活和工作生活之间的界限不断模糊的情况下。我们会担心自己做出的（和没做的）决定，担心收件箱爆满，担心自己的工作是否具有足够的意义。不过，最让我苦恼的还是与同事的关系，尤其是与那些能把我惹怒的同事的关系。

我知道在这方面自己并非个例。绝大多数人都表示自己与难相处的人共事过。一项研究发现，94%的人表示自己在过去五年中与"有毒"之人共事过，87%的人表示团队文化因此受到影响。还有研究人员在一项针对2000名美国员工的调查中发现，1/3的受访者"因为令人恼火或傲慢自大的同事"而离职。在这项研究中，有受访者表示，他们工作中的头号压力来源就是人际关系。

一切都和我们的人际关系相关

当谈到什么能让人们在工作中感到快乐时，专家经常说到工作的意义、成就感，以及通过工作感受到我们对他人的影响。但是对我而言，快乐始终在于人，在于和同事的互相砥砺，在于对领导由衷的敬重，在于同下属之间的和睦相处，以及与客户之间的相互尊重。工作一天的好坏通常取决于我与谁互动以及如何互动。

美国心理治疗医师及关系专家埃丝特·佩瑞尔认为，我们的生活有两大支柱：爱和工作。无论哪个支柱，我们都会从中寻求归属、意义和满足。我们在其中的关系至关重要。我们会为工作付出大量时间，在此期间会产生一些非常紧张复杂的关系。

当然，如果我们能与每一位同事都友好相处，那就再好不过了。我自己就和一些同事建立了非常好的友谊。比如，我以前在咨询公司的一位同事，有一次我们去见客户之前，因故不得不共享一间酒店房间，结果我俩一直聊到深夜，而且一聊如故，后来她成了我的终生挚友。我女儿出生后，她是最先来看望我的人之一，而我也在她的婚礼上祝酒致辞。再比如，之前我在《哈佛商业评论》的一位上司是我大学时期的一位朋友，这种工作关系让我俩都有些惶恐。于是我们商定了一些规则，以确保工作不会影响到我们的友谊，也不会让她被人认为对我偏心。其中一些规则我们是严格遵守的，还有一些在现在看来多少有些幼稚。但是，我们关于边界的讨论发挥了重要作用。在共同合作的七年中，我们遇到了一些小问题，不过都顺利解决了。总体来说，我们的相处是积极向好的。正是这些共同度过的所有时间，让我们现在的关系更加牢固——这种情况在成年以后并不多见。而且我们有一个共同爱好的新基础：工作。

这些关系使工作更加有趣、迷人，充满快乐，而且我相信它们还会让我在工作上做得更好。关于这一点，有无数的研究支持我。莎思塔·尼尔森（Shasta Nelson）在其所著《职场友谊》（*The Business of Friendship*）一书中说道："所有研究都表明，喜欢与我们一起工作的人是影响我们的投入度、持续力、安全感和工作效能的最重要预测因素之一……没有任何一项研究表明，工作中没朋友会让我们表现得更好或更快乐。"

与同事成为好朋友并不总是可能的，有时甚至并不是我们所期待的。当我接受上司是伊莉丝的那份工作时，我其实期待着能和一个自己敬仰的人、一个可以指导我的人一起工作。我倒不奢望彼此能够成为朋友，但我至少不想因为看到她的名字出现在我的手机屏幕上而心生厌恶。

不幸的是，这就是我过去真实的感受。随着时间的流逝，每个星期都感觉像是同一个故事在反复上演。我会跟自己发誓不要在乎她如何对待我，或者发誓要对她倾注善意，努力抚平她尖锐的棱角。在关系相对不错的时间里，我还能恪守这些誓言。可是一旦她旁敲侧击地说我工作不够努力时，所有这些好的打算都会飞到九霄云外。然后我就会消极反抗，比如接受任务但没有按时完成，或者跟我的队友吐槽她。

很多时候，对于像伊莉丝这样难相处的人，我们只能忍受。无论是第一份工作还是第十份工作，事实都是如此。我们认为，既然无法选择同事，那我们就别无选择，只能忍受那些不太理想甚至是有害的关系。但是，感觉自己被困在一种消极的关系里，这种感受会让我们难以成为最好的自己。我们态度傲慢，说着一些刻薄而又无法挽回的话，做出的反应连自己都懊悔不已，这些反应有悖于我们的价值观，不仅会降低我们的工作质量，还会使情况变得更糟。由此产生的压力也很难摆脱。

现在使用远程办公的人比以往任何时候都要多，这种新的工作方式会进一步加剧本就复杂的人际交往。我们感受不到与同事之间的联系，只能通过一方小小的屏幕看到他们。以文字为主的交流容易滋生误解，即使是简单的小分歧也会被夸大。怒火中烧的时候，你很容易就敲出一行回击对方的话，可是如果你正看着对方的眼睛，同样的话你根本不会说出口。而且一旦情况开始恶化，修复难度就更大了。我们没法通过一场偶然的走廊对话或者接咖啡时的一次相视而笑来解决问题。相反，在虚拟会议中，大多数人都会静音，甚至关掉摄像头，这让人不由觉得整个互动无非是就事论事，少了些人情味。

我们能相信自己的直觉吗？

当我们开始一份新工作或承担一个更具挑战性的角色时，我们会给自己时间去熟悉门道。我们不会指望自己一开始就应对自如，特别是当新工作需要一些我们还不会的技能时。

不知道为什么，在与难相处的人打交道时，我们却不会这样宽容自己。我们觉得自己应该本能地知道要怎么做。毕竟，我们一生都在与人交往，而且有许多人挑战过我们（想想某个让你抓狂的亲戚或高中时代的友敌）。我不知道你的情况，但是我从来没有碰到过谁让我坐下然后告诉我说，"你可以用这种方法来回击一个咄咄逼人的'万事通'"，或者"尝试用这种方法来对付一个老是唱反调的人"。我从来没有上过教人应对办公室政治操弄者的课，也没有导师跟我分享过建议，告诉我在发现自己为一个不称职的老板工作时应该怎么办。

正如我和上司伊莉丝的故事所表明的，我们的本能并不是总能帮助我们建设性地应对这些更具挑战性的遭遇。现在回想起来，我便能看清当时的自己是如何被思想阻碍的。我一直认为自己能力十足、受人喜爱，而当时这一身份认同受到了威胁，于是作为回应，我的大脑便构造了这样一个叙事：我是一个无辜的受害者，而伊莉丝完全就是个不可理喻的人。然后，我把我们的每一次互动都看作证据，证明这个故事真实可信。

研究表明，我的反应既不反常，也并非完全自愿。有记录显示，冲突会产生许多生理和情感影响，使得人们很难在当时保持冷静和清醒。那个令人讨厌的老板可能会让我们想起以前某个让我们生活悲惨的经理，或者某位挑剔严苛的家长，又或者是我们小时候不得不努力争取他人关注的类似经历。所以，我们感受到了威胁。研究表明，即使是轻微的压力也会导致前额叶认知能力的急剧丧失。这样我们能够利用高阶思维的可能性就会降低，而高阶思维支配着我们的思想、注意力、行为、情绪和决策。简单地说，我们无法清晰思考了，失去了做出正确判断的能力，自然也就无法做出有效反应。

如此说来，我们不仅没能采取建设性措施，反而为大脑所困。我们花时间去担心，试图规避冲突诱发者，甚至回避正常履职。我们的创造力在下滑，做决定的速度和质量也在下滑。我们更有可能犯错误，甚至是犯致命的错误。一项针对 4500 名医护及其他医院员工的调查发现，71% 的受访者认为负面行为（比如言语粗鲁、居高临下或侮辱行为）与医疗事故存在关联，27% 的人认为这些行为与患者死亡有关。

当我们与同事的关系消极负面时，我们不是唯一的受害者。我们的组织也会受到影响。比如在处理工作中的人际冲突上花费的时间、金钱和资源，所有浪费的精力及其对绩效的影响，这些损失简直难以想象。针对不同行业、领域和地域的数千个团队的一项研究发现，绩效最低和绩效最高的团队之间的差异有 70% 与团队关系的质量相关。我曾见过这一研究结果的真实例子，你可能也见过。

"你不会相信我的同事……"

几年前，我写了一本关于工作冲突的书。从那时起，我便有幸通过线上方式或者在会议厅、研讨会现场，与成千上万的人讨论有关管理压力和职场沟通困难的应对策略。我注意到每次同样的事情都容易再度上演。有时在公开问答环节，更多的是在我等电梯的时候，或者是在电脑屏幕一侧的私人聊天框中，有人会向我寻求帮助，而且通常略带羞赧。他们会说：

"我有一个同事……"

"我和我的经理处得很艰难……"

"你不会相信我的下属做了什么……"

我还听过一些匪夷所思的故事：有这样一位创始人，每当有人使用他讨厌的短语时，他都会尖叫；有位仁兄会在同事休假期间占用同事的办公桌；有位女士拒绝与她的同事说话长达三个月，只因对方不小心漏发了给她的会议邀请；有位经理在上午 9 点之前给她的下属发送了 50 封电子邮件（已读回执开启状态），然后在 9 点 15 分给她打电话，问她为什么没有回复所有邮件；有位首席执行官（CEO）要求她手下一名主管在其度蜜月期间工作，还要求另一名主管更改婚期，以避开与一场重要展会的时间冲突。

这些例子当中有一些可能在你听来并不陌生。可恶的事实在于，每个职场都免不了有这种人，其中不乏许多赢得过尊敬和位高权重的人，他们的行为轻率自私、模糊不定、荒谬无理，甚至有时是彻头彻尾的恶意行径。然而，很多事后仍处于困扰中的人为了扭转不正常关系所做的真诚努力却屡遭失败：试图表现得友好却遭到嘲笑，试图求助上级却适得其反，设立明确边界却仍被侵犯。为什么？

根据我自己与难相处同事相处的经验，以及我对冲突专题所做的广泛研究，我开始相信很多关于解决摩擦的指导建议，包括我在上一本书中概括的一些原则，都是基于几个错误的假设：一是，会有一套策略无所不能，无论处理的是哪种类型的难缠行为；二是，每个人都以相同的方式体验和理解具有挑战性的人际关系，无论是哪种种族、性别或其他身份因素；三是，读者不仅能够接受关于冲突的泛化高层理论，而且能将其成功地应用于自己的各种独特情况。以往给出的解决方案往往都是整齐分明、单一维度、过于简化的，而现实生活却是混乱又复杂的。

这就是我想写这本书的原因，我想提供一种更加细致、实用、基于实证的方法，这种方法承认工作中的不良关系本身具有复杂性，且可能造成巨大不适。我想帮助那些感觉被困、无计可施的人，也许他们之前尝试过一些常用的建议，但是发现并不奏效。

应对艰难人际关系的新方法

我从自己的个人经验和职业经验（更不用说那些关于冲突解决的著述了）中发现了一个根本性错误，那就是假设所有难相处的人都可以被归入"混蛋"这一个大类，然后作为一个笼统的整体来处理。可是事实却是，不良行为的类型多种多样，你需要根据具体面对的行为类型来选择对应的策略，从而与那些难以应付的同事实现有效合作。这就是为什么本书确立了八种常见的难以相处的同事类型（稍后会详细介绍），并针对每一种类型提供了不同的建议。同时，我们必须承认有些人就是无法分类，对此我也提供了一些原则，无论你面对的是哪种类型的不良行为，这些原则都会起作用。

在整本书中，我都尽量考虑了种族、性别和其他身份类别等因素。很多书都忽略了各种偏见对同事关系复杂化的影响，而本书没有回避这些问题。每个人的工作经历都不尽相同，而特定群体往往更容易成为无礼行为攻击的目标。我会尽量注意那些研究结果显示的人们会受到不平等对待的地方，以及特定策略在不同群体中的有效性差异。例如，直接指出一个被动攻击型同事的问题，这种方式可能更适合白人男性，而不太适合拉丁裔女性，因为对于职场中的有色人种女性来说，她们能被人们认为是"合适"的行为相对有限。

作为一名白人女性，我享有很多特权，而且从我自己的偏见角度出发，我能看到歧视具有复杂性。所以不可避免地，我会犯一些错误。但我认为如果想要取得进步，我们在围绕工作关系展开探讨时就必须把身份这一因素考虑进去，即使可能存在探讨本身不够完善的风险。

以往的许多建议还有另一个缺点，那就是不够实用——太高级、太抽象、太笼统，而我写这本书就是为了让你现在就能行动起来。你完全不必想方设法弄清楚如何将理论付诸实践，这一步我已经替你完成了，而且同时吸收了我自身的经验和大量学术研究。通过整合神经科学、情商、谈判、管理科学等多个领域的研究发现和建议，我会帮助你细致而有效地处理这些问题关系。

我的最后一个也是最重要的愿望就是，这本书能帮助你增强人际关系的弹性，这种能力能够使你更快地从负面交往中恢复过来，当你深陷其中时它还能帮你降低对压力的感知。工作中的冲突无可避免，因为这是人类社会的一部分，但我认为我们可以做得更好，而不仅仅是忍受或艰难度过。介绍八种同事类型的章节中给出的策略以及第十一章中介绍的九条原则，这些都是为了帮助你与他人合作，这里的"他人"甚至可以说包含任何一个人。在学习改变最艰难的人际关系这一过程中，你将提升自己的技能和信心，进而改善所有人际关系。作为奖励，你的自我意识水平和情商也将得到进一步提高，借此你将成为更好的领导者。无论在哪个行业取得哪种级别的成功，这些技能都是必不可少的，因此能够解决冲突、与任何人都能友好相处，将会使你的职业前景一片光明。

不可否认的是，与同事的消极互动所造成的压力会影响我们的工作效率，使工作充满痛苦，甚至会影响我们生活的其他方面。但我们不必举手投降，也不用指望上级主动发现并干预。我们可以去了解难相处的同事这样做的原因，然后掌握策略并有效应对他们那些最难应付的特质，最后决定努力坚持多久，或者什么时候该放手。有了本书给出的建议，你将能够把工作冲突摆在其应有的位置上，进而腾出宝贵的时间和精力去做对你而言真正重要的事情。

我所提供的见解、方法和技巧都是基于我过去 14 年里对专业学者、社会心理学家、管理专家和神经学家进行的采访。我也和那些曾经与你一样面对艰难工作关系的人交谈过，他们通过电子邮件或调查问卷与我分享了时而遭遇的痛苦经历。这些故事会贯穿全书，不过为了保护隐私，相关姓名和细节会有所处理。你会从这些个人故事中认识许多人，他们能够转变自己的人际关系，做到了化敌为友。而有一些人则找到了应对机制，使情况变得相对可以忍受；还有一些人则做出了艰难抉择，为了保护自己的心理健康而决定辞职。

经典类型

本书围绕八个同事类型展开叙述，每个类型代表一种常见的难相处的同事类别：

- 缺乏安全感的领导
- 悲观主义者
- 受害者
- 被动攻击型同事
- "万事通"

- 施虐者① （本来希望对方能像"师者"一样指导自己）
- 持有偏见的同事
- 办公室政治操弄者

虽然这些类型一听就可能让人觉得熟悉，我也相信大家能够立刻想到对号入座的同事，但是我还是想强调，这些标签有其局限性。及时辨认当下应对的行为类型可能会对你有所帮助，比如识别被动攻击型行为，但要是因此就将同事随意归类为"被动攻击型同事"，那可没什么好处。这种态度只会加深你们之间的消极关系，并不会带来改善的机会。分辨类型可以帮助你评估情况，但真正需要做的是超越，让自己进入一种积极有效的心态，这种心态能让你看到别人发生变化的可能性，还能让你反思自己其实或许误解了他们的行为或者给他们的行为赋予了错误的含义。

还有一点很重要，那就是我们不要因为别人属于某种类型，就诊断他们患有某种心理障碍。我听过有人在谈论他们那些难相处的同事时，胡乱使用诸如"自恋人格障碍"甚至"精神变态"之类的词。我们要抑制冲动，不要去扮演一个夸夸其谈的心理医生。凯莉·格林伍德（Kelly Greenwood）是专注于改变职场文化的非营利组织"心灵分享伙伴"（Mind Share Partners）的创始人兼CEO，她告诉我："你永远不知道别人身上发生了什么，也不知道是什么导致了他们的行为。有心理健康问题的人有时会被定义为

---

① 施虐者：英文为"tormentor"，单词中包含"mentor"一词，即"导师"，作者特意妙用这种单词包含的关系，意在突出二者之间一字之差导致的千差万别，本希望让其成为自己导师的人却不幸成了施虐于自己的人。为了体现这种妙用关系，特将"导师"译为"师者"，借谐音与"施虐者"一词相对。——译者注

'难缠'，可这只会加深他们身上的污名，而且情况往往并非如此。"

这就引出了我的最后一点，而且在很多方面也是最重要的一点：我将在本书中向你们提出挑战，让你们也通过这些"类型"的镜头来审视自己的举止和行为。谁没有偶尔表现得跟个"万事通"似的？谁又不曾深陷"受害者"的角色？承认我们的同事有缺陷，但可能并非邪恶，同时承认自己不会永远正确，这是和睦相处的关键。在后面的内容中，鼓励提升自我意识和增加同情与谅解的建议会反复出现。事实上，我还会分享一些故事，而在故事里我发现自己才是那个混蛋！

改善工作关系的指南

在本书中，我将带你了解如何找到适合自己的相处方式，无论你是职业生涯刚刚开始，还是已经遇到了相当多的难以应付的同事。你会很容易这样想，直接忽略他们，或者不受他们的行为打扰，不就可以了吗？然而这很少行得通。在第一章中，我将讨论有关工作中人际关系重要性的研究，以及为什么改善关系值得花费时间和精力，即使有时候它们看起来无法挽回。

下一步是转向内省，更好地了解自己对问题同事的反应。为什么这段关系在你的心里显得如此重要？为什么你就不能放手？在第二章中，我将探讨你在陷入冲突时大脑发生的变化。通过了解其中发生的化学反应，你可以学会识别和克服大脑的"战斗或逃跑"本能反应，并以更加清晰的头脑找到一个有效的解决方法。这一过程包括采取正确的思维方式，提高自我意识，管理自己的反应，这样你才能缓和局势，不让局势升级。

接下来，从第三章到第十章，我会介绍八种同事类型。针对每种不良行为，我会进行深入研究，包括其心理基础和背后的动机。为什么那些难相处的同事会有如此行为表现？他们从这些行为当中得到了什么？了解他们行为产生的根本原因会使行动计划的制订更加容易。我会分享一些在研究、实验和实践中已经证明有效的策略。另外，因为在局势高度紧张的时候人们往往不知道该说什么，所以我提供了一些语言范例来帮助你找到合适的话语，以便在局势中占据优势。

这八种类型并不能囊括你在工作中可能遇到的所有同事类型。也许你的同事不属于其中任何一种，或者可能同时拥有好几种类型的特征。这时请你选择最接近你同事的类型，或者阅读其中的几章，然后选择一小部分你想尝试的策略。此外，如果你不确定自己正在应对哪种类型，那么可以使用附录中的表格来辨认他们的行为，从而确定他们的所属类别。

鉴于有些同事确实不好分类，所以在第十一章中，我将分享九条原则，帮助你处理与任意同事之间的冲突，无论对方是否刚好符这八种类型的特征。事实上，这些原则为有效应对难相处同事，建立适当界限，以及打造更牢固、更充实的工作关系奠定了基础。无论面对什么样的人际关系问题，我都会一次又一次地回归这些理念。

我不会妄称这些策略在所有情况下都能奏效。当你做过缜密的自我反省、努力尝试过解决冲突却仍然失败的时候，你就要开始做好自我保护的准备了。在第十二章中，我将探讨保护自己的职业、声誉及保持理智、完成工作的能力。第十三章的重点则是教你避免一些人们很容易尝试却很少奏效的策略。此外，和难相处同事打交道可能会让你筋疲力尽、士气低落、压力重重，采取高姿态甚至会让你更加心力交瘁，因此最后一章将专门探讨以你的幸福为优先的策略。

你的同事会改变吗？

我在本书中给出的很多建议都要求你做一个"真正的成年人"①。如果你想赢得与同事长达数年或数月的斗争，那这本书不适合你。本书所给的建议旨在以一种细微的以共情主导的方式来处理问题关系。我们不是为了以其人之道还治其人之身，更不是为了取得优胜，而是要尝试不同的策略，根据你的特定情况找到适合你的解决方案。有时尝试一些新的方式，哪怕显得微不足道，也能够改变你和同事之间的关系。关键是你要认识到你的同事不太可能变成另一个人。最重要的是，别人是否愿意改变以及改变多少，你并没有什么发言权。

当然，有时你的努力不会得到回报。在这种情况下，你也不必被动接受他人苛待。你可以利用我在第十二、十四章中概括的一些策略，采取积极主动的方法来保护自己。

多年以前，我和伊莉丝的工作关系从未像我希望的那样有过回报。但我没有就这么离开，至少没有立刻就走，我还是在那个岗位工作了几年。当时我曾努力想要对她保持同情，甚至还在自己身上发现了和她的相似之处。等到我确立了和她互动的时间和方式上的界限，不再视她为敌人，而是一个有缺陷的人以后，我

---

① "真正的成年人"：英文为（adult in the room），指一个群体中行为成熟、负责任的人。——译者注

便不再觉得每天的工作那么煎熬了，用来思考她的时间也少了。伊莉丝终究没能成为我想要的老板，但我找到了一种与她相处的方法，直到我准备好开启下一份工作。通过这次经历，我明白了我所能掌控的只有自己的态度、反应和方法。

这是一个充满争议的时代。社会层面自不必说，职场也是如此。人们对待各种问题往往态度激昂，不管跟工作有关还是无关。来自不同年代的员工在一起工作，对彼此会抱有许多不太友好的假想。如今，为工作中的女性、有色人种和其他被轻视的群体创造公平竞争环境的倡议比以往任何时候都要多，但有些人反而因为这些努力而感到被疏远或被抛弃了。

与此同时，我很高兴我们能够更加公开地谈论工作中的关系和情感。我们会有"工作配偶"和"办公室挚友"。我们也承认自己与同事之间有着深厚而有意义的关系，当我们走进办公室或登录笔记本电脑时，我们不会将自己的情感剥离抛开。工作不再只是打卡上下班，而是我们寻找和建立关系的地方。

现在正是我们专注于培养所需技能的最佳时机，这些技能能够帮助我们有效处理与他人相处的棘手问题。如果你正在阅读这些文字，那么你已经迈出了重要的第一步：你愿意尝试去理解与和解。我不能保证你总能得到自己想要的。也许你需要找到共存的方法，或者等待时机，直到你可以更换团队、部门甚至工作。不过，我希望这本书中的建议能帮助你切实地行动起来，按照你的价值观来改善工作生活。我相信只要有决心、自我意识和同理心，你就能够学会与任何人相处，哪怕是那些经常激怒你的人。

我们都可以在工作中建立更加牢固、更加健康的关系。现在开始吧。

目录

第一部分

为相处奠定基础

第一章

为什么工作关系值得费心

无论关系好坏，它们都很重要

"只是工作而已。"

回想起工作的前十年，我对朋友乃至对自己都说过无数次这样的话，这让我不免感到有些难为情。当然，当时给出这样的建议，肯定是出于好心，目的是让对方（或者我自己）不去那么在意，可以从困扰中稍稍抽离，或者在情况变得更加激烈之前远离冲突。

然而最终我才明白，很少有工作"只是工作而已"。不管怎样，工作都是我们塑造身份、满足自我（或打击自我）、获得自我价值、寻求团体归属的渠道，而且在理想情况下，我们还能从中获得人生意义与成就。但是所有这些都离不开同事的参与。

牢固的同事关系是能量、支持、快乐和成长的源泉，可是如果关系破裂，就会给我们带来痛苦、沮丧甚至悲伤。不良的同事关系会损害我们的信任感、安全感和工作能力，甚至还会让我们对自己的才能、能力和理智产生怀疑。

有个朋友给我分享了她已故父亲的故事，下面我们就来说一说。这位父亲是一名科学家，他很热爱自己在制药实验室的工作，同时他也忠于家庭。他性格内向，很珍惜自己独处的时间。下班之后以及周末时间，他会花上几个小时捣鼓点修补的活儿，多数是在车库工作间里摆弄些老旧的钟表。他告诉孩子们自己非常关心工作，但他并不是奔着交朋友去的。"低调点，专心做好该做的"，这就是他的建议。

后来，在他退休前 12 年的时候，单位来了个新领导，这个领导极爱用被动攻击 ①（passive–aggressive）那一套，这简直把他逼疯了。这种上下级关系给他带来了巨大的压力。晚上回到家，他会因为这种关系而倍感沮丧，上司的一言一行让他精疲力竭，还让他一直担心自己是否反应得体。据我朋友所说，对上司的过分关注让她父亲职业生涯的最后十年变得灰暗，由此产生的压力甚至可能让他少活了好几年。

那么，这个人是否有可能和上司成为朋友，化干戈为玉帛呢？对此我表示怀疑。要知道他可是个内向的人，对交友并不感兴趣。但是他的经历却很好地提醒了我们，那就是我们别无选择：

① 被动攻击：以消极的被动方式表达消极情绪、怨恨和攻击的行为，其特点为攻击性较强，内心常怀有敌意，但其攻击倾向并不明确地被意识到，亦不直接表现在行为上，而是以一种消极被动的方式体现出来，即消极抵抗、不合作、推脱敷衍等。——译者注

我们在工作中确实面临各种关系，而且这些关系影响着我们的幸福感和工作表现。这就是为什么我们需要注意关系的处理，而且不仅是那些让我们能量满满、让工作趣味非凡的关系，还有那些激怒我们或是其他更加糟糕的关系。

工作关系对我们生活的影响日益显著

在我职业生涯的早期，我曾很努力地告诉自己，所谓同事关系并没有多么重要，然而讽刺之处就在于，我一边这样暗示自己，一边还会在工作之余与同事会面，去他们家里参加晚宴，还建立起了长达数十年的友谊。

就像我朋友的父亲，也就是那位科学家一样，我无法避免卷入同事关系，你也同样。这到底是为什么呢？

首先，因为我们的工作真的很多。大多数在职成年人与同事相处的时间比和亲友在一起的时间还要多，可能是线上沟通，也可能是面对面相处。

在美国，过去几十年里的周平均工作时长有所延长，每年的工作周数也在增加（从1980年的43周增加到了2015年的46.8周）。这些加起来就相当于一年增加了整整一个月的工作时间。甚至在非工作时间，我们也在工作。2018年"美国人时间使用调查"（American Time Use Survey）报告指出，30%的全职员工表示会在周末和节假日期间工作。研究电子邮件流量的公司确认，虽然人们在假日发送的电子邮件比工作日要少，但发送量仍然庞大。

科技发展无疑加剧了这一问题，不仅使随时随地工作成为可能，而且使它成为人们经常性的标准操作。在我买了第一部智能手机后不久，我就开始了一边遛狗一边给老板发电子邮件的生活，甚至一度确信自己已经达到多任务同时处理的超然境界。无论我是在家里的办公桌前，还是在狗狗公园里，抑或在街上的咖啡馆里，地点其实无关紧要，因为我可以在任何地方工作。当然，到目前为止（因为全球新冠疫情大流行），我们都已经了解这一现象的弊端：主要就是，我们总是"在线"。

时刻都能"在线"处理工作意味着，我们得花更多的时间去考虑工作及与之相关的人，包括同事、下属、客户、上司和高级领导。比如，我们可能会担心朋友和同事在公司重组中面临失业的风险，或者担心某个悲观的同事试图破坏我们的新计划，又或者担心客户是否会签订合同。这些担忧既重要又消耗精力，而且即使我们在下午 5 点（也可能是 6 点、7 点，甚至更晚）关机下班了，这些担忧往往还会萦绕心头。

在过去几十年里，与工作相关的压力急剧增加。马萨诸塞大学阿默斯特分校的埃米莉·希菲（Emily Heaphy）教授对工作关系有所研究，她告诉我："经济不安全感加剧，导致人们对工作感到紧张和焦虑，因此他们比过去的人更加关注工作。"

当你和一个难相处的同事斗智斗勇时，你可能忍不住想忽略工作中人际关系的重要性，认为自己完全可以避免人际关系，甚至恨不得就这样做。但是，你不能。工作关系既能成就你的工作，也能起到破坏作用。工作中几乎每个角色的成功都取决于与他人的良好相处。相关研究结果亦清晰明了：如果你想在工作中蒸蒸日上——极致发挥、高度参与、成果丰硕，创新思维、开阔思想——如果你想这样，那么就要关注你的人际关系。

关于在工作中交朋友的探讨

我是要提倡在工作中交朋友吗？在这样一本教你应对难相处同事的书里？先听我说完。做这个探讨，并不是因为我觉得你那缺乏安全感的经理或者被动攻击型同事会成为你的挚友，但是如果你和当年初出茅庐的我一样，认为工作中不适合交朋友，那么我希望这一探讨能够让你相信事实并非如此。

正如美国公共卫生总署署长维韦克·穆尔蒂（Vivek Murthy）在《让我们一起》（*Together*）这本书里所说，友谊从根本上影响着事业的成功，"我们正是从人际关系中找到了茁壮成长所需的情感寄托与力量"。

社会关系是预测认知功能、心理弹性和参与度的一项指标。众所周知，由朋友组成的团队往往表现更好，获得同事支持的人压力更小，与同事保持亲密关系有助于增加信息和意见共享、促进自信与学习，而如果注意保持良好的社会关系，人们即使从事单调工作也可能获得满足感和成就感，就像从事鼓舞人心的工作一样。

当你在线上办公时，你可能会觉得人际关系无关紧要。如果我是坐在自家厨房餐桌前用电脑，那么能否感受到与同事之间的联系，这一点还重要吗？可是研究表明，在远程办公环境中，与同事的联系同样重要。在新冠疫情居家办公期间，针对来自美国、德国和印度的 12 000 多名受访者进行的一项调查发现，疫情期间居家办公的人表示自己在团队工作、对接客户等需要与他人协作的任务上，工作效率降低了。另外，工作效率的下降与工作关系之间也存在联系。认为远程办公期间与同事联系减少的受访者中，有 80% 的人表示其工作效率也有所下降。

关于工作中建立友谊的好处，还有不少其他的研究成果我特别喜欢，现仅列举部分如下：

- 盖洛普咨询公司，是职场文化研究的领先机构之一，其已经针对友谊相关课题进行了数十年研究，长期就"工作中拥有挚友"与员工敬业度之间的关系发表报告。该公司最近的数据显示，只有 30% 的员工表示在工作中拥有"挚友"。但是，拥有挚友的人在实现"工作投入度更高、更好地吸引客户、产出质量更高、幸福感更强"等方面的可能性是其他人的七倍。此外，他们"在工作中受伤的可能性更小"。相比之下，那些表示自己在工作中没有挚友的人投入工作的可能性只有 1/12。

- 友谊通常有益于职业发展。美国罗格斯大学（Rutgers University）的一个研究小组发现，将彼此视为朋友的同事，其所在小组的绩效考核得分更高。

- 在工作中拥有朋友还可以防止出现倦怠心理，让你的心理弹性更好。一组研究人员让背着沉重背包的学生站在山脚下猜测山的陡峭程度。有朋友相伴的参与者预估的陡度要低于独自参加的人所给的数值。一位研究人员在《弗吉尼亚大学校志》（*University of Virginia Magazine*）上解释称："我们发现，那些一直被认为具有隐喻价值的东西，比如友谊，实际上会对我们的生理产生影响。社会支持会改变我们对世界的看法和身体的运作方式。"换言之，当我们在工作中拥有积极的关系时，我们能够更好地应对压力和挫折。

我对最后一个研究发现共鸣颇深。在新冠疫情大流行伊始，我的同事格雷琴（Gretchen）送给我一支蜡烛。我承认自己从来没有想通过，为什么人们要这么麻烦地点香薰蜡烛——而我真的希望自己的房子闻起来跟个松树似的吗？但是格雷琴很爱这个，于是我便有点动容。后来每天坐下来工作之前，我就把蜡烛点上。很快我就想明白了。其实蜡烛本身没什么，更重要的是点燃蜡烛的仪式感，及其传递出的格雷琴对我的支持。在过去的几年里，每当我尽力保持专注、高效和乐观时，毫无疑问我的朋友和家人们都会给予我安慰。但在一些工作艰难的日子里，帮我度过的往往是我在工作中的朋友们，因为我们对所面临的挑战有着共同的理解。

当然，我提到的所有好处，包括提高生产力和创造力、强化心理弹性、减少压力、优化绩效评估等，实现这些的前提是你与同事的关系是积极的，而非起到破坏作用。艰难的工作关系可能会对你的工作表现和幸福感产生严重影响。

不健康的人际关系带来的后果

研究证实了我们本就知道的道理：不健康的人际关系会带来损害，有时甚至比我们意识到的还要严重。

消极的人际关系会扰乱工作表现、打击创造力

《工作场合宣言：文明秘籍》（*Mastering Civility: A Manifesto for the Workplace*）一书的作者克里斯汀·波拉斯（Christine Porath）几十年来一直在研究工作中的无礼现象。在过去的 20 年

里，她调查的人当中有 98% 在工作中经历过粗鲁行为，99% 的人目睹过这种行为。

她的研究表明，这种无礼行为的影响是强烈而深远的，这一点尤其体现在我们的工作表现上。波拉斯发现，在那些遭受无礼对待的人当中（涵盖 17 个行业）：

- 48% 的人故意减少工作努力。
- 47% 的人故意减少工作时间。
- 38% 的人故意降低工作质量。
- 66% 的人表示自己的工作表现有所下降。
- 78% 的人表示自己对组织的忠诚度有所下降。
- 25% 的人承认自己将懊恼发泄在客户身上。
- 12% 的人表示因为受到无礼对待而辞职。

当我们需要应付粗鲁或消极的同事时，完成任务、保持专注和高质量产出就会变得困难许多。针对以色列新生儿重症监护病房的医护进行的一项实验表明，受到侮辱的代价往往会很高。研究安排了一位访问专家告知部分团队，说他们的工作质量不值一提。受到批评之后，这些团队做出的诊断准确率降低了 20%，手术完成的效率也降低了 15%。

受到粗暴对待还会导致思维创新受挫，因为这会造成"认知障碍"（cognitive disruption）。换言之，待你刻薄的同事或者搞被动攻击，或者抢你功劳，或者发表尖酸评论，与他们共事会抑制你清晰思考的能力。

我们的健康也会受损

消极的人际关系会导致压力，这一点或许不足为奇，但是压力往往会给我们的健康带来严重后果。（可惜我们中的很多人并不会因为意识到这一点就去处理它，包括我自己。）例如，科学家已经证明了，与难相处的人共事和罹患心脏病之间存在直接联系。一组瑞典科学家对 3000 名员工进行了为期三年的跟踪调查，问他们对于其管理者能力的看法。他们越觉得自己的管理者不称职，就越容易出现心脏问题。而且参与者在公司工作的时间越长，其出现严重心脏问题的风险就越大。

在另一项研究中，研究人员观察了人际关系对创伤愈合时间的影响。有 42 对已婚夫妇参与研究，研究人员在参与者的手臂上划了道小切口，然后测量切口愈合的速度。夫妻关系中存在敌意的夫妇，其创伤愈合时间是普通夫妇的两倍，这表明消极互动造成的压力妨碍了身体自我修复的能力。由此可见，与难以招架的同事一起工作不仅会致病，还会让你更加难以从疾病或受伤中恢复过来。

消极的人际关系对同事和组织都有害

如果你和同事相处不好，就会产生连锁反应。与你相关或相近的人也会跟着遭殃，我们暂且将其称为消极关系带来的"情绪碎片"（emotional shrapnel）。直接目睹这种敌对关系的同事自然处于受害范围内，而你的亲友也可能在同情和倾听你的时候吸收你的压力。之前我丈夫为一个事事都要管的不太成熟的老板工作，当时我自己的情绪和工作效率也跟着受到了影响，尽管我从未见过她本人。

密歇根大学教授简·达顿（Jane Dutton）在《让你的工作场所活跃起来》（*Energize Your Workplace*）这本书里谈到了这一现象。她写道：

"无礼行为的影响很少能得到控制，这种影响在工作组织范围内盘旋扩散的同时，还会蔓延到人们工作之外的生活中……针对在职场中遭受无礼行为的经历，有一项研究对1.2万余名参与者进行了调查并发现，几乎每个受害者都曾向其他人讲述自己的经历。这种无礼行为的经历越是扩散，人们对于这种行为的心理预期就会越趋于正常化，从而进一步增加这些行为发生的可能性。"

对于组织而言，这种风险显然也会很高。一个粗鲁的成员或者以无礼为主的氛围，可能会损害整个团队，甚至还可能伤害到其他无关的人，哪怕他们只是看到或听到这种紧张的关系互动。如果员工心烦意乱、焦虑不安、难以集中注意力，进而错误连连，致使身心受损，最终就会影响工作结果。无论组织大小，皆是如此。哈佛商学院教授诺姆·沃瑟曼（Noam Wasserman）在其著作《创始人的困境》（*The Founder's Dilemma*）中针对1万名创业者进行了研究，他观察到65%的初创公司因创始人之间的冲突而失败。波拉斯在对一家工程公司的研究中发现，那些认为自己的同事很难相处的人辞职的可能性是其他人的两倍。像这种跳槽风险在顶尖人才中最为显著。

消极关系比积极关系的影响更大

努力改善消极的人际关系之所以如此重要，部分原因就在于消极关系对我们工作体验的影响大到不成比例，而这是由前面概述的所有因素共同引起的。波拉斯发现，与积极昂扬、振奋人心的关系相比，让人失去活力的关系对人们幸福感的影响要大 4~7 倍。

不过，能够产生有害影响的关系不一定是"有毒"的，也不一定都是负面的。说到那些与我共事过的难相处的人，我脑海里浮现出的很多人并不是一直都很难相处的。例如，我有一个同事，这里先称她为塔拉吧。准确来讲，我们从来都不是朋友，但我们喜欢在会议开始时聊聊天，社交聚会上我们也会经常交流孩子的事，因为两家孩子差不多大。我觉得她风趣有气质，工作做得也好，至少大多数时候是这样。后来有一次我鼓起勇气问另一位同事，是否也觉得塔拉有时候难以理解，他的回答简直完美地表达了我的感受："你永远不知道下一秒的塔拉是好是坏。'好的塔拉'真的很好，似乎永远都会支持你。可是'坏的塔拉'脾气暴躁，只顾自己的事业发展，就算把你推下水也在所不惜。"

大多数的工作关系并不能简单地归类于"好"或者"坏"，即使我们的大脑想这样分类。这种摇摆不定的人际关系，有时候觉得好，多数时候是不好不坏，可是有时候又突然变得让人担忧不已。与明确的消极关系相比，这种不明朗的关系状态往往也同样棘手。一些研究表明，这种关系实际上对身体更加有害。

当然，亦敌亦友总好过多个敌人，而且这种好坏参半的关系也有一定好处：有时能够促使我们对这段关系更加用心（如果是纯粹的积极关系，我们可能会把它看成是理所当然），而且在努力理解对方的过程中，我们也更有可能尝试换位思考。

• • •

没有哪段关系是固定不变的。我们可能会认为积极的关系会永远保持正面向上，而消极的关系则注定痛苦不堪。这种心态会导致我们忽视工作中的友谊，关系稍显复杂就可能彻底放弃。试着回想一下你在职业生涯中打过交道的人，我猜他们一定不是一成不变的，他们可能也会容易改变。毕竟，良好的关系有可能恶化，而一些最艰难的关系也可能好转，只要你愿意投入时间和精力。

　　也就是说，所有人都可以更加睿智地引导自己的能量变化。我知道我曾经浪费过不少时间（多到我已经不想去计算了）去琢磨怎么跟一个难相处的同事交流，去反思我收到和发出去的电子邮件，甚至在半夜醒来还去复盘那些我想重新来过的对话（以及像"不会放过你"这种我希望可以一吐为快的话）。在下一章中，我将谈论你与同事陷入消极关系时大脑发生的变化，包括为什么它会占据这么多心理空间，以及如何培养理解能力和自我意识，了解了这些你就能更加有效地做出反应。

02

第二章

大脑对冲突的反应

思想是如何经常与我们作对的

几个月前，有人通过电子邮件向我介绍了一名顾问，在这里我叫他布拉德，介绍人认为布拉德会成为《哈佛商业评论》的一名优秀撰稿人，而我在该杂志担任编辑。我收到过很多这样的介绍，而当这个介绍出现的时候，我正为各种请求忙得不可开交。布拉德问我能不能跟他通个电话谈一谈，我礼貌地拒绝了，并且告诉他，会有另外一位编辑跟他联系并讨论他提交的草稿。几周后，他又问了一遍。我再次给他发了一个自认为礼貌的回复，解释称由于事情多时间紧，我无法与他通话。然后我收到了布拉德的邮件："我们都很忙，但人与人之间的联系是最重要的。我会带着我的稿子另寻他处。我无法与自负之人打交道。"

这不是我第一次和一个想当撰稿人却未能得志的人打交道。但这一次真的戳到我了，我把他的邮件重读了好几遍，每读一遍心跳就加快一点，连肩颈都开始紧绷起来。我的脑海中接二连三地闪出各种想法："真是个混蛋。""他以为他是谁啊？""简直就是个幼稚小孩儿。""接受吧，布拉德。"然后我开始在脑海中组织各种简洁有力的反驳："你凭什么认为你是我的收件箱里最重要的人？""祝你好运，带着你的破稿子去别的地儿吧！"（我甚至都没有读过他的稿子，但我当时就是忍不住妄下定论。）

起初我的反应是：这全是布拉德的错，可是很快这种反应就变成了自我怀疑。我开始怀疑，也许他是对的。"我很自负吗？""我是不是毁了一段宝贵的人际关系？""为什么我没能更好更快地处理之前的邮件，从而避免让他失望至此？"

接着，我做了几次深呼吸，然后做了我认为正确的事情：删除这封邮件。

此刻我很想告诉你，整件事真的就这么告一段落了。确实，对布拉德来说这件事已经结束了。从那以后，我跟他再也没有通过信，以后可能也不会了。但其实呢，我的脑海中还有其他想法。

在我点击"删除"之后的很长一段时间里，布拉德的邮件一直在我的脑海中闪现。当我给另一位潜在撰稿人写邮件时，"人与人之间的联系是最重要的"这句话就在我的脑海中回荡。那天晚上做饭的时候，我忍不住想了好几次"我无法与自负之人打交道"这句话。次日凌晨3点，当我在漆黑的卧室里醒来时，我非但没有继续入睡，反而想象自己从回收站里撤回了他的邮件，并撰写了一大篇振振有词的回复邮件，好叫他后悔曾经给我发了如此刻薄的邮件，让他从此以后每发一封邮件都三思而后行。我这是想拯救布拉德，好让他以后别再干这种蠢事。

我在第一章中阐述了为什么你和难相处同事之间的关系值得费心经营。我倒希望整个过程就是做个决定，然后执行后面章节给出的策略这么简单。可事实上，在采取任何行动之前，你往往都需要克服一个障碍：你的大脑。

当我们与难应付的人打交道时，大脑想要保护我们免受伤害。然而，就在这个过程当中，它会经常阻碍我们。我明明已经决定放下布拉德的邮件不去理会，让生活继续，但我的大脑仍然沉迷其中。

本章将阐述你在陷入冲突时大脑发生的变化——为什么消极关系如此痛苦，为什么你无法停止思考。了解神经系统发挥的作用能够帮助你形成自我意识，它能使你有效应对，而非冲动反应，从而实现改善你与他人关系的目标。

让内心的批评员冷静下来

我在深更半夜全神贯注思考布拉德的时候，我内心的批评员跳了出来："凌晨 3 点不睡觉就是为了想这个吗？一封可笑的邮件？我都已经删除了。为什么我就不能彻底放下？为什么我要让每个人都喜欢我，哪怕对方只是个与我素未谋面的顾问？我这是怎么了？"这样一种思路显然毫无用处，所以我提醒自己想一想之前从研究中学到的东西：此刻我脑中的反应正是人类大脑进化而来的自然产物。我对布拉德邮件的思来想去并没有表明我有什么问题，相反，这完全是正常行为。

对于难相处的同事，特别是那种不会像布拉德那样永远从你的收件箱中消失的人，在开始处理你们之间的关系之前，你必须了解自己对此的反应：为什么这段关系让你烦恼，让你痛苦，让你想放手却做不到。这时候给自己一点同情心也无伤大雅。

困于思绪令人懊恼，却也很正常

想要减少对难相处同事的思虑往往是徒劳的。我知道，在本该睡觉的时间反复回想自己与同事的互动，同时为此愁苦不已的人不止我一个。乔治城大学教授克里斯汀·波拉斯在她的研究中发现，遭受无礼行为的受访者中有80%的人因为担心这种事而致使工作时间减少，63%的人因试图避开与这类同事相处而导致工作时间减少。

冲突常常使我们分心。例如，在针对以色列一家大型蜂窝通信供应商的客服代表进行的一项实验中，和客户有过粗鲁交谈的客服代表更加难以回忆起谈话细节，因为他们的注意力都放在了粗鲁行为上。他们的精力集中于思考这种糟糕的经历，而不是倾听客户的意见。

这种反应不是我们自己选择的。正如波拉斯所写："当人们遭遇无礼行为时，他们似乎会优先对这一遭遇进行有意识评估，而不是完成最初的任务，即使他们并不想思考这一无礼遭遇。即使他们不想，他们的大脑也往往被占据。"

换言之，即使你已经决定忘记它，你的大脑还是会再次回想起某个让你头疼的互动过程，这很正常。从进化的角度来说，我们的大脑就是这样设定的，对艰难的人际关系具有高度的协调性，因此想要改变我们的反应方式，就需要采取积极的措施。先让我们更加仔细地观察一下，在我们与同事发生冲突时，大脑究竟发生了什么。

我们的大脑对冲突的反应

当我们感受或察觉到与另一个人的关系可能破裂时，比如打开了一封言辞尖刻的邮件，或者同事在视频通话中没有解释就关掉了摄像头，又或是看到老板听我们发言时流露出不满情绪，这时大脑就会做出反应，好像我们真的处于危险中一样。它会使我们的身体准备好应对感知到的威胁，同时也在试图弄清楚当下的经历。为什么我的经理跟我生气？我做了什么让同事不高兴？我应该遭受这个吗？由于人类进化决定了我们要尽量节省认知资源，所以我们的大脑就会通过走捷径①（shortcut）来引导我们的反应，而这些捷径有时会让我们陷入麻烦。

杏仁核劫持

在我们大脑的两侧、视神经的后面，各有一个杏仁核。它的功能之一就是检测恐惧，然后让身体做好适当反应的准备。所以当你察觉到威胁时，无论是一辆汽车在街上向你疾驰而来，还是你那自信心不足的老板在全体员工会议上抢你的功劳，杏仁核都会发出释放皮质醇和肾上腺素等应激激素的信号来做出反应。

你肯定听过"战斗或逃跑"这个说法。这些本能反应就是来自杏仁核，当这些反应触发时，我们便进入了"杏仁核劫持"

---

① 走捷径：大脑在复杂的信息条件下快速做出决策且保证较高成功率的能力。——译者注

（amygdala hijack）状态，这是我从《情商》的作者丹尼尔·戈尔曼那里学到的一个术语。之所以称之为"劫持"，是因为"战斗或逃跑"反应支配着我们的执行功能，感觉好像我们不再主动选择如何反应，而是让身体和大脑处于自动驾驶状态。当我和同事开始出现分歧时，我就会心跳加速、呼吸短促，这是大脑在让我做好必要时逃跑的准备。我收到的预警信号包括：感到后脑勺一阵发麻，肩膀开始像乌龟缩进壳里那样往双耳方向慢慢耸起，牙关咬紧，掌心出汗。这可不是什么好玩儿的事情。

但是，这并不是反应失灵。这些心理捷径[①]（mental shortcuts）可以节省时间和精力，而且往往确实能确保我们的安全。如果你站在马路中央，然后真的有一辆车朝你驶来，这时你的大脑要是停下来思考情况的来龙去脉，那可太危险了。相反，你需要它本能地做出反应，告诉你的身体尽快远离路中间。

对于这种自动的本能反应，我最不喜欢的一点就是，它经常在我们毫无觉察的情况下发生。于是，我们可能会做出这些反应：回击同事、提高嗓门、直接停工，或者发送一封我们希望撤回的电子邮件。事后我们才会意识到自己正处于"杏仁核劫持"当中。简单地说，我们的大脑这会儿并不正常。

消极偏见

对于一封粗鲁的电子邮件或者一位会议上跟你侃侃而谈的"万事通"同事，这种"战斗或逃跑"的反应听起来可能有点反应过

---

① 心理捷径：即以一种快速的看起来不费力的方式做复杂的决定或进行推论时应用的一些简单规则。——译者注

度。但是，大脑对所有事件都具有高度协调性，无论事件多小，都可能被视为威胁。这种协调就是所谓的"消极偏见"（negativity bias）。

本质上，我们会更加关注消极事件而非积极事件。例如，你可能会告知你的伴侣或朋友，你度过了"糟糕"的一天，而事实上这一天中的大部分时间你都过得不错，只是下午与一位被动攻击型同事的会议破坏了一切。这次互动可能只占据这一天时间的一小部分，但它占据的心理空间却大得多。

你可能对消极偏见并不陌生。想想你上次的绩效评估。你还记得你的经理给你写的积极评价的细节吗？还是说你先想到的是批评性的反馈？我甚至还能记起自己在 2002 年收到的绩效评估报告中的一句话，说我缺乏对复杂商业模式的理解。请注意，除了这句话，其他都是赞不绝口的评价。可是那些积极的评价我却一句都想不起来。同样地，我可以逐字背诵布拉德那封讨厌的邮件，但我完全不知道那天还有谁给我写信，也不知道他们写了什么。只有消极信息经久不散。

不止我们的注意力会被更加消极的事件吸引，我们的大脑也会对它们反应更强烈。在极端情况下，消极互动甚至可能会让人痛苦至极。

冲突真的会带来疼痛

你有没有想过，一个"万事通"同事背地里使坏，或者一个持有偏见的同事开了个无礼的玩笑，这些都会让你感觉像是挨了一记耳光？我曾经确实因为一些刻薄的评论而感到呼吸被抽离一般，那种感觉就像是写评论的人刚往我肚子上揍了一拳。神经科学表明，在某些情况下，对于工作中被贬低、忽视、羞辱、吼

叫、拒绝或欺负的影响，大脑给出的解释方式与身体疼痛的体验
类似。

例如，加州大学洛杉矶分校的一个团队所做的大脑成像研究
表明，遭受排挤的感觉会激活大脑中负责处理身体疼痛的相同区
域。我们可能会认为情绪痛苦，特别是专业环境中与我们相处的
同事或他人引起的情绪痛苦"只是存在于我们的脑海中"，但事实
并非如此。任何形式的拒绝在大脑中引起的反应都会和我们挨揍
或割伤手指的体验非常相似。

给自己编排的故事

大约一年前，我和一位同事在清晨开了一次 Zoom 视频会议，
为我们下周将要参加的在线小组讨论做准备。我跟这位同事大多
数时候相处得还不错，尽管我发现他有时很自负（他绝对符合我
在第七章中讨论的"万事通"类型的很多特点）。在说完他打算在
会上讨论的要点以后，他向我征求意见。我还没说两句话，他就
给自己调成了静音，视线也离开了会议屏幕。当时我确信他正在
看另一个显示器，因为我知道他在家里的办公室装了两个显示器，
而且他正在看邮件，可能还在回复邮件。后来我继续发表评论时，
我内心的独白是这样的：要是最后无论如何都得按照他的想法来
做，那为什么还要征求我的意见？真是个骄傲自大的混蛋，总是
只关注自己。为了弄清楚眼下的情况，我的大脑编排了一个叙事，
为同事调静音、视线转移的行为赋予了负面的意义。

当我们作为同事"坏"行为的接受者时，这种情况经常发生。
我们会很快告诉自己发生了什么，为什么会发生，接下来会发生

什么。而这些充满情绪和批评的故事对我们来说无比真实，即使它们只是大脑试图理解情况的产物，而不是事实。这就是心理学家所说的"不成熟的认知成见"[①]（premature cognitive commitment）。为了节省认知资源，我们的大脑会对周围发生的事情以及我们应该如何反应做出快速判断。

事实证明，我认为同事行为"无礼"的想法是错的。在我说完小组会该如何展开的看法以后，他解除了静音，然后针对我的发言进一步提出了疑问，这清楚地表明他听进去了我的每一句话。在视频会议最后，他为自己之前看似分心而道歉，并解释说他十几岁的儿子（因为新冠疫情在家上网课）给他做了煎饼，然后送进了办公室。这时我觉得自己之前所做的最坏设想实在是愚蠢至极，而我的大脑则不得不把最初以为的无礼行为快速调整为家庭的温馨一刻。

这个经历告诉我们，必须要小心我们给自己编排的故事，以及它们是如何受到心理捷径的影响的。好消息是，如果你能够意识到正在发生的情况，并克制你的判断，那么你就可以朝解决方案迈进了。

走出"杏仁核劫持"的途径：创造心理空间

"在刺激和反应之间，有一个空间。在这个空间里，我们有

---

① 不成熟的认知成见：由积极心理学奠基人、美国哈佛大学著名心理学家埃伦·兰格（Ellen Langer）提出，指的是第一次遇到某事件或事物而形成某种观念或思维，以后再次遇到同一事件或事物时仍然会受到先前思维观念的影响，因为这种思维或观念未经过深入的批判性思考，所以称之为不成熟的认知成见。——译者注

能力选择作何反应。而我们的反应决定了我们的成长和自由。"这句名言通常被认为来自奥地利精神病学家、心理治疗师、大屠杀幸存者维克多·弗兰克尔 [①]（Viktor Frankl）。他的这一洞见对于处理你和难相处同事之间的关系至关重要。为了能够选择反应方式，你必须创造必要的空间，这样才能带来成长，而非冲突。

观察你的反应

当大脑感受到威胁时，你对自己的本能反应观察得越多，就越能更好地将大脑编造的故事与实际情况区分开来。有了更加清晰的大脑，你就更有可能做出明智的决定和正确的反应。

就我个人而言，我注意到自己倾向于以三种不同的方式来应对和同事之间的不愉快互动。一是责怪对方，"这都是他们的错！"；二是责怪自己，"我做错了什么？"；三是尝试彻底脱离，"没必要为此浪费时间"。

这些反应不一定每次都是互不相干的，有时我会在这些反应中来回快速切换，就像我收到布拉德邮件之后的 15 分钟里反应的那样。但是，当我发现自己凌晨 3 点醒来在这些焦虑想法上来回转圈的时候，我既没有进一步压制这些情绪，也没有努力忽视自己编排的故事，而是决定重新集中精力去探索这些思想。我开始问自己：为什么布拉德说的话让我如此焦虑不安？在这件事情上，我的情绪说明了什么？

其实，我是想要将自己的消极想法转变为有用的信息，而不

---

① 维克多·弗兰克尔（1905—1997）：美国临床心理学家，出生于奥地利首都维也纳一个贫穷的犹太家庭，是享有盛誉的存在－分析学说的领袖，他所发明的意义治疗（logotherapy）是西方心理治疗重要流派。——译者注

是令人分心的噪声。采用这种方法之后，我意识到布拉德的邮件产生了两个对我来说特别具有挑战性的影响。

第一，他打破了常规。我每周收发邮件数百封，其中大多数都是令人愉快或是中规中矩的。说来幸运，我与同事、朋友、家人或陌生人之间的交流很少是完全粗鲁无礼的。所以布拉德打破了我的预期，即人们应该互相尊重。

第二，他对我的描绘违背了我的自我形象。如果布拉德的邮件说的是正确的，那么我必须面对这样一个事实：我是一个非常自负的人，且不关心人际交往——这两点都是我无法相信（或者说不愿相信）的。这让我开始怀疑，我所认为的自己对他人关怀体贴、谦卑有礼，别人是否也是这样看待我的呢。

当你回想自己与那些难相处的同事过往的交流时，不妨问问自己是否也涉及上述两种违背中的一种或两种。通常两者都会涉及。我们认为，那些麻烦的同事不应该有那样的行为方式（违背了我们的群体意识），而且他们的行为让我们对自己产生了怀疑（违背了我们的自我认知）。这就给我们造成了内部冲突，这种冲突让我们感受到了排挤、排斥和拒绝，还对我们的归属感构成了威胁，于是把我们推入了"战斗或逃跑"模式。

但是，通过观察我对布拉德的反应，以及质问自己为什么会有这种反应，我成功地让自己冷静了下来。我没有屈服于最初的反应，而是开始思考：哦，原来这是有理可循的。

重新评估情况

当陷于某段恼人的经历时，一旦你能从中开辟出一点空间，你就能重新评估这段经历。心理学家发现"重新评价"

（reappraisal）——以更加积极或中立的角度重新评估某个情绪状态，或将这种状态视为挑战而非威胁——有助于人们集中精力，并就下一步行动做出更加深思熟虑的决定。

前面我因为同事的视线离开会议屏幕而构想了一个负面的故事，这个故事让我有些淡漠封闭——我不再热衷于分享自己的观点，而且一想到与他合作就感到排斥——所有这些他可能都感受到了。如果他没有告诉我那是他儿子进来送煎饼，从而迫使我重新评估情况，那么我的反应就会影响我们的关系和合作能力，更别说我们共同组织的小组讨论会的质量了。

当你与难相处的同事互动时，请注意你给自己编排的故事。你的大脑在想些什么？这些想法有用吗？有没有办法重新定义它们，让它们变成中性或积极的想法？比如，能不能别把所有的注意力都用来思考某个"万事通"同事的抨击如何令人痛苦难耐，而是尝试告诉自己，抛开对方那副居高临下的口吻来看，他们的长篇大论里或许还是有那么一两点有价值的信息的？如果情况真是消极的，那自然无须粉饰，但是会不会有不同的解释呢？请一定要记得问问自己是否会有不同的认识。

你还可以想一想生活中发生的其他可能影响你消极反应的事情，看是否能从中收获一些启发。

关注你的压力

当我们承受巨大压力时，我们会比平常更加容易受到"杏仁核劫持"陷阱的影响，这一点不足为奇。你也肯定有过这样的经历：当你因为工作中一个重要的截止日期即将来临而背负巨大压力或者一直没睡好觉的时候，你会因为同事的批评而大动肝火，或者因为自己竭力完成的报告收到负面反馈而大失所望。要努力找到触发因素和消极反应之间的那个非常重要的空间，它能帮助你评估整体的压力水平。

另外，随时备上一份简单的问题清单以应对令人担忧的情况，这可能是避免让你丧失冷静、找到有效解决办法的关键。当我注意到自己即将步入"杏仁核劫持"时，我会使用下面这个心理检测表：

- 我现在口渴吗？
- 我现在饥饿吗？
- 我昨晚睡得怎么样？
- 我还在担心什么？
- 我心里是否牵挂着某些重大项目或截止日期？
- 我与朋友或家人的重要关系现在是否紧张？
- 我上次做自己喜欢的事是什么时候？

以这种方式关注你的心理资源可以帮助你获得洞察力。在整个 2020 年，我不得不经常提醒自己，渡过疫情所需的认知负荷使我更容易将周围人的行为解读为威胁，这主要是因为当时我已经感受到了威胁。当你处于生存模式时，你的心理资源储备将无法承载额外的压力，你也没有多少心理空间去保持求知心理。在这种认知超载的情况下，你的大脑只能专注于如何熬过这一天，而不是要把这一天过得精彩。

对此，莉莎·费德曼·巴瑞特 [1]（Lisa Feldman Barrett）在《关于大脑的 7½ 堂课》（*7½ Lessons About the Brain*）这本书里给出了完美解释："我们要理解，人类大脑似乎无法区分慢性压力的不同来源。如果你的身体预算 [2]（body budget）已经被生活中的各种情况耗尽，比如身体疾病、经济困难、激素激增或者只是睡眠或运动不足等，那么你的大脑就会更加容易受到各种压力的影响。其中包括那些威胁、欺凌或折磨你或你关心的人的话语所带来的生物效应。当你的身体预算持续承受负担时，瞬时的压力源也会积累起来，甚至是那些通常很快就能恢复过来的压力源。"所以，估量一下你与同事的问题以外的其他感受。会不会有别的需求需要你去满足，满足之后就能减小压力，让你在处理冲突时拥有更好的心态，比如散个步、吃点健康的小零食、完成某个项目？

多给点时间

你知道"永远不要生着气睡觉"这句谚语吗？我不太赞成。通常情况下，睡个好觉正是你改变心态所需要的。《焦虑工具箱》（*The Anxiety Toolkit*）的作者爱丽丝·博伊斯（Alice Boyes）让我明白，对于同事在会议上（再一次）打断我们或没有跟进他们承诺完成的任务，我们最初的反应可能很强烈，但是这些负面情绪一般不会持续太久。博伊斯说："我们的情绪生来就会随着时间自

---

① 莉莎·费德曼·巴瑞特：美国心理学家、神经科学家，美国心理科学协会主席，美国东北大学心理学系教授，美国艺术与科学学院院士，加拿大皇家学会院士，TED 演讲人。其专注于情绪的开创性研究，在《科学》《自然神经科学》等期刊上发表 200 多篇论文，并因其在情绪方面的革命性研究荣获美国国立卫生研究院"先锋奖"。——译者注

② 身体预算：大脑不是被动工作的，它时时刻刻都在根据过去的体验对身体所处的情景进行预测，并进行能量分配的预算，评估让你能够生存并保持活力所需的资源。——译者注

行消退，它们只是警告信号。"在我们获得更多信息以及重新评估情况以后，这些情绪通常都会消失。

我们来回顾一下布拉德事件。第二天早上我醒来的时候，发现自己没有那么在意整件事情了。当我在脑海中回想他的那封邮件时，我不再有之前那种胸闷的感觉，而且白天我也几乎没有想到这件事。尽管次日凌晨3点我又醒了，我的思绪也立刻转向了布拉德，但是这一次注意力并没有停留太久（毕竟，清晨让人焦虑的事情本来就挺多的）。日子一天天地过去，我对这件事想的也越来越少。在我执笔的当下，其实我已经（几乎）一点都不在乎了。

给自己一点时间，不要去想你和同事之间的问题。休息一下，出去走走，听听你最爱的歌，想想你最近的一次旅行（或即将到来的旅行），总之，你可以尝试去做任何能让你把注意力从同事身上转移的事情。之后再回到与同事的互动上来，看看一旦你摆脱了"杏仁核劫持"，是否就会有不同的观点。

然而，这并不是说你应该完全忽略冲突，或者假装冲突不会困扰你。博伊斯说，思考棘手的情况其实是有帮助的，只要大脑专注的是解决问题，而不是反刍①（rumination）或苛求完美。在心理学中，这叫作"问题解决沉思"（problem-solving pondering）。博伊斯将此转化为直接有效的自我提问："考虑到目前的现实情况，最好的做法是什么？"而我认为思考"为什么"很有效果：为什么别人会这么做？为什么我会这样反应？为什么我们会陷入

---

① 反刍：原指牛、羊等草食性动物进食一段时间后，把半消化的食物从胃里返回嘴里再次咀嚼。移用到心理现象，指的是重复被动地思考，即个体持续关注和自己有关的负面想法或消极思想，对这些消极想法的前因后果进行反复"咀嚼"，但不积极地解决问题。——译者注

这种境地？不过，要确保你的问题具有建设性（别问"为什么他是个白痴？"这种问题），而且要注意别让思考转向消极的自我暗示，这只会强化对事态的错误描述（别问"为什么我总是我行我素？"这种问题）。

• • •

关于和同事发生冲突时大脑是如何与我们作对的，我已经讲了很多。其实我们可以利用这些脑科学知识来为我们服务。方法之一就是提醒自己，对方可能正在经历和我们一样的过程。他们可能无意伤害你，无意抨击你，无意让你的生活变得痛苦；也许他们正处于"杏仁核劫持"中，思维已经不再清晰。将对手视为一个和我们有着相同的（有时会有缺陷的）大脑反应机制的人，这是我们建立更好关系的第一步。

第二部分

经典类型

清理你自己那边的街道

深入研究经典类型之前的一个简短说明

这本书看到现在，你可能会想："这本书讲了这么多关于如何理解和管理自己的内容。那什么时候才开始讲那个让我生活痛苦的混蛋呢？"如果你是这样想的，那就对了！你已经理解了我提供的方法的核心原则之一：如果你真的想解决与同事的冲突，那你就必须承认自己在这段关系中发挥的作用。当你和一个难对付的同事打交道时，你很容易就会把注意力集中在他们身上，思考他们到底有什么问题（也许清单能拉一长串）。但是，我在接下来的章节中教你和悲观主义者、持有偏见的同事或缺乏安全感的领导相处的那些方式方法并不会起作用，除非你认识到这一点：虽然与难相处同事的每一场战斗都各有不同，但它们之间有一个一致的元素——你。

几年前，我的一位好朋友设法帮助她十几岁的儿子度过一段艰难时期。她儿子的治疗师告诉她和她的配偶，在孩子自我努力的同时，他们也得做好自己的工作。他将这一过程称为"清理你自己那边的街道"（cleaning up your side of the street），或承认并关注你自己在这场斗争中的作用。这句话真的引起了我的共鸣。（后来我才知道，在匿名戒酒会或匿名戒毒会中，当成瘾者向他们伤害过的人道歉时会经常使用这句话。）[1]

我能理解治疗师的意思：想象你和你的冲突对象站在街道的两边，固守着各自的观点和经验。如果你所在的街道这边满是"垃圾"——冲突本身带来的不稳定情绪、之前的分歧留下的积怨、关于对手的未经证实的流言以及缺乏睡眠等——那么你就很难跨越这条鸿沟。如果你带着这些"垃圾"接近对方，很有可能你会让情况变得更糟。但是，如果你开始好奇自己在冲突中产生的作用，想要知道自己如何误解了实际情况，以及自己想从这段关系中得到什么，那么弥补之路就会在关系崩坏的废墟中显现。

明明另一个人至少应该承担部分责任（好吧，也许是全部责任），为什么却要你包揽所有的工作？原因有两个。第一，在任何一场紧张的交流中，无论谁对谁错，你都只能控制你自己的思想、行动和反应。第二，即使你百分百肯定自己是对的，别人是错的，那也是一个巴掌拍不响。也许你的乐观和淡化风险的倾向会促使你那悲观的同事指出更多的风险。或者可能是因为你无意中向你的同事暗示了你不喜欢直接对抗，所以他们采取了被动攻

---

[1] 匿名戒酒会或匿名戒毒会通常会鼓励和引导成瘾者承担自己的责任，不以受害者自居，不把自己的处境怪罪到别人身上，伤害了别人也要勇于弥补，这就是"清理你自己那边的街道"所蕴含的意义。——译者注

击型策略来表达自己的观点。你越清楚自己在这场争执中的作用（即使是很小的作用），解决方案就会越清晰。

在第十一章中，我将分享更多关于"清理你自己那边的街道"的方法，但是现在请你记住，冲突不会无缘无故地发生。它是一种相互作用的关系，你很可能参与其中，也因此能够对它产生影响。在第二章中，我用了一定篇幅讨论了这样一个事实：尽管我们无法控制大脑对应激情况的本能反应，但我们可以重新评估和改变我们的认知和反应。同样，你可能无法改变同事的行为方式，但是你可以改变自己对其行为的解读和反应方式。记住这一点将使你更有可能在工作中建立更牢固、更有意义的关系，无论你应对的难相处的人是什么类型。

03

第三章

缺乏安全感的领导

"我的工作做得很好……对吧？"

爱子的新领导科拉刚加入公司时，一切都很顺利。爱子很高兴自己有了学习对象，而且对方也承诺会带来新的想法和方式以改善她的项目。但是新主管上任几个月以后，她开始看到一些危险信号。

一直以来，跟部门方案有关的任何问题或会议要求，大家都会去找爱子。这似乎让科拉感到不安，她会问："为什么他们不来找我要答案？"每次发生这种事，她都会生爱子的气，就好像爱子要动摇她的地位似的。爱子试图让同事们有问题都去问科拉，但是这种做法并没有奏效，反而进一步激怒了她。"他们只是习惯了这么做，"爱子告诉我，"但是科拉把这当成了私人恩怨。"科拉在以前的工作中管理一个庞大的团队和大量的经费，而现在爱子是她唯一的直接下属。"我认为这一直困扰着她。"她这样说道。

科拉过度情绪化的反应和刻薄的评论让爱子感到疲惫。"她对我做的每件事都吹毛求疵，以至于我都觉得自己没有能力做决定了，即使是很小的决定。我一直担心她会生气、爆发。我对自己工作能力的信心消耗殆尽。"她解释道。

爱子以前从未质疑过自己的能力。但是现在，科拉的不安全感正在影响她。

如果你曾经因为你的领导不信任你、不加解释地否定你的想法、因为他们的不成功责怪你（就像科拉对爱子所做的那样）而怀疑自己，那你不是一个人。当然，糟糕的领导有很多种，但是缺乏安全感的领导会造成一种特殊的严重破坏。他们可能是臭名昭著的"事必躬亲"型领导，不断地挑剔，让你恼羞成怒；也可能是偏执的多管闲事型领导，让你质疑自己的一举一动。如果他们认为你是一个威胁，他们甚至可能故意破坏你的职业生涯。

那你怎么知道自己是否在跟一个不自信的领导打交道呢？下面是这一类难相处的同事最常见的一些行为：

- 过度在意别人对自己的看法。
- 长期存在无法做出决定（或坚持决定）的问题，即使做出选择不会造成什么后果。
- 经常改变项目或会议的方向，特别是在掌权者的建议下。
- 抓住机会彰显自己的专业知识或资历，特别是在不必要时；在更加恶劣的情况下，还有可能通过贬低他人来凸显自己的重要性。

- 试图控制团队或项目的一切，包括人们完成工作的时间、地点甚至方式。
- 要求每个决策和细节都得到自己的批准。
- 不允许团队成员和其他部门的同事或高层领导互动，以便控制信息和资源的流动。

爱子的领导科拉希望部门中的每个人做事都要经过她的允许，因为她认为只有这样才能够证明她的价值。但是她花了太多的时间试图左右别人对她的看法，以至于她没能完成自己的本职工作：提供创新想法和指导爱子。她不仅没有带来创新，反而还要实行微观管理①，而爱子作为她唯一的直接下属，成了这个不幸的靶子。

爱子觉得自己被困住了。每次她为自己做哪怕一点点的辩护，科拉似乎都会变得更加偏执、更有控制欲。没有人应该为这样的领导工作。但是，如果你和爱子的情况相似，却又不能辞职，并且想找到与自我怀疑的领导共事的方法，那么确实存在一些应对方式能够避免进一步刺激他们的不安全感。第一步就是去了解你那不自信的主管拥有如此表现的成因。

---

① 微观管理：商业管理的一种管理手法，与宏观管理的理念相反，是指管理者通过对被管理者（员工）的密切观察及操控，使被管理者达成管理者所指定的工作。这个名词一般在使用上带有负面的意思，通常表示管理者吹毛求疵、事无巨细都要管，没有着重管理该管的事情。——译者注

不自信行为的背景

自我怀疑是人类共有属性的一部分。我们都有这样的时候：想知道同事是否认为我们很聪明，我们是否有能力把陈述报告做好，我们是否在会议上说错了什么话，或者陌生人是否在评判我们的穿着或外表。我并不觉得这有什么可自豪的，但是当我跟一个我怀疑对方不尊重我或默默质疑我能力的人交谈时，我有时会提到自己曾就读于常春藤盟校，或是我在《哈佛商业评论》杂志社工作。我甚至还说过自己有多忙，好证明我是"被需要"的。我一边打着这些字一边觉得难为情，但是我知道这是不自信的正常反应。

寻求他人的认可甚至赞美源于这样一个事实，即人类曾经依靠社群生存，现在仍然需要它来获得成长。正如心理学家埃伦·亨德里克森（Ellen Hendriksen）在接受美国 Vox 新闻采访时解释的那样："一点点的不安全感，一点点的自我怀疑，这是有帮助的，因为它能让我们自我监管。它会引起自省和自我检查，并激励我们成长和改变。"对于占比 1% 的不会自我怀疑的人有一个颇具指示性的标签：精神病患者。可见完全摆脱不安全感并不是一件值得向往的事。

虽然偶尔缺乏安全感是很正常的，但是我们开始看到一些问题行为的出现，比如当人们试图隐藏或摆脱自我怀疑时，他们就会事无巨细都要管、无理地批评下属，或者不断地寻求肯定。

领导者可能更容易自我怀疑

研究表明，当你成为领导角色时，不安全感会增加。例如，一家总部位于英国的领导力咨询公司调查了 116 名高管，询问他们最大的担忧是什么。排在第一位的就是担心被人认为无能。研究中的高管还表示，他们担心自己表现不佳、显得过于脆弱、让人觉得很愚蠢，所有这些都表明人们对于他人看待自己作为领导者的表现有着深刻的不安全感。

为什么拥有更多权力和权威的管理者会更没有安全感呢？难道不应该是那些没有权力的人去担心工作和他人的看法吗？纳撒尼尔·法斯特（Nathanel Fast）和塞丽娜·陈（Serena Chen）两位教授通过一系列研究表明，当有权势的人觉得自己无能时，他们会倾向于对他人表现得更具攻击性，比如故意造成不必要的破坏或存心报复。然而，仅仅是无能并不会导致攻击性。权势较小的人缺乏安全感时通常不会采取同样的恶意行为。

这种差距可能源于竞争高位所带来的压力增加。美国得克萨斯大学奥斯汀分校麦克姆斯商学院的内萨名誉教授（Neissa Endowed Professor）伊桑·伯里斯（Ethan Burris）说道："人们期望组织中的高层人员拥有更强的领导能力、更广的学识和更多获取信息和数据的渠道，也就是说他们要比其他人更有能力。"领导者对于自信和自我能力的实际感受与其角色带来的高期望之间的差异导致了所谓的"自我防御"（ego defensiveness），即领导者会采取行动保护自己的自尊或证明自己的行为合理。

以拉尔夫为例，他是一家 IT 服务机构的销售副总裁。拉尔夫当销售总监的时候工作干得非常出色，于是获得了一次大的升迁机会，但他不愿意放弃与客户建立起来的关系，因为他付出了很多努力才赢得了这些客户的生意。他想兼顾两份工作——原来的工作和新的工作，但公司领导团队坚持要他雇一个下属。罗伯托就是那个倒霉的下属。他加入团队的时候还不知道全部情况，而拉尔夫拒绝交出他的客户。他经常参与罗伯托与客户的沟通，而且要求所有与他之前的客户相关的决策都得经过他同意。罗伯托在入职之前就注定要失败，因为拉尔夫正在竭尽所能地保护他在上一个角色中的所有制胜法宝。

对于那些一贯不会被视为领导者的人来说，这个问题会更加复杂。例如，女性或有色人种可能会经历自我怀疑，这不是因为他们有什么缺点或没有领导能力，而是因为他们会受到明显而又微妙的暗示，即他们没有能力做好工作——他们就应该感觉自己像个冒牌货。或者，他们会收到相互矛盾的信息，比如"要坚定自信，但别对抗"或"做你自己，但别表现出任何负面情绪"。《哈佛商业评论》上有一篇广受欢迎的文章叫作《不要告诉女性她们有冒充者综合征》[①]（*Stop Telling Women They Have Imposter Syndrome*），咨询顾问鲁奇卡·图什安（Ruchika Tulshyan）和乔迪-安·伯雷（Jodi-Ann Burey）在其中描述了这一现象。她们解释称，许多组织中的女性，特别是有色人种女性会因为感到能力不足而被指责，而真正的问题却是职场文化向她们传递了一种信号，即她们不属于这里或不配获得成功。

除了担心被揭露为不称职之外，一些缺乏安全感的领导可能还会担心工作保障。如果你曾经丢过工作，你就会知道它有多丢脸——这是大多数人不惜一切代价都想要避免的感觉。害怕被解

---

① 冒充者综合征：又称自我能力否定倾向，是保利娜（Pauline R. Clance）和苏珊娜（Suzanne A. Imes）在 1978 年发现并命名的一种现象，指的是个体按照客观标准评价为已经获得了成功或取得成就，但是其本人却自我怀疑，认为一切都是运气或巧合，认为自己没有能力取得成功，感觉是在欺骗他人，并且害怕被他人发现此欺骗行为。——译者注

雇，再加上担心被认为不称职，这会导致严重的不安全感。

几个月前，我和一家生物科技公司的一位中层经理聊到他们公司的一项创新计划，该计划陷入了停滞。他们部门的领导指出了其中一个障碍就是，大家害怕与任何高层意见相左，所以都不想提出可能挑战现状的新想法。对于这种不情愿我不太理解，于是就让这位经理帮忙解释一下，他说："我不想被解雇。我需要这份工作。"当我进一步追问时，他承认据他所知，该公司从未有人因为直言不讳而丢掉工作。他还见过有人跟掌权领导讲真话以后甚至得到了提拔。尽管如此，他还是很担心。"我不想成为第一个炮灰。"他这样告诉我。

或许你那缺乏安全感的经理不仅担心自己不能胜任这份工作，而且担心自己随时可能失去这份工作。正如我在第二章中所讨论的，恐惧和羞耻感会对我们的思想造成严重破坏，并促使我们错待他人。

拥有一个不自信管理者的代价

让我们回到本章开头所说的爱子的情况。爱子的自尊心下降并不是她和领导科拉之间的不和所带来的唯一后果，还有其他连锁反应产生。例如，爱子和科拉很难在她们团队的项目上取得进展，因为她们在谁应该成为负责人的问题上很不明确。其他部门的同事也开始对两个人的能力都产生怀疑，而且不愿让她们参与有关公司战略的重要会议。

拥有像科拉这样的领导还会产生许多其他代价。首先是心理上的影响：与工作相关的压力增加，对未来感到焦虑，以及爱子所经历的那种悄然而生的自我怀疑。

其次是对你的职业前景产生潜在影响，特别是当你的领导把你的功劳占为己有，或是牺牲你的利益来鼓吹自己的时候。在极端情况下，你的领导甚至可能故意诋毁你和你的工作，好让自己看起来更有能力。哈佛商学院的特蕾莎·阿马比尔（Teresa Amabile）教授发现，自我怀疑会导致管理者给出更加严苛的绩效评估。她写道："那些对自己的智力不自信的人会严厉地对待他人，也许是为了证明他们有多聪明吧！"

一般来说，缺乏安全感的管理者也会不利于企业发展。因为他们的自尊心很脆弱，他们往往不会听取别人的意见，也拒绝反馈。纳撒尼尔·法斯特和他的合著者在其主导的一项实验中，让中东一家跨国石油和天然气公司的管理者对自己的岗位胜任度打分，分值为1~7分。他们给自己能力的评分越低，就越不可能征求员工的反馈意见，结果就是员工也不太可能提出想法。像研究中的那些人一样，缺乏安全感的管理者可能会担心员工的建议对他们的自我能力和工作能力产生负面影响。其中的逻辑是，如果人们认为需要做出改变，那么这可能会让人觉得管理者好像不知道自己在做什么。所以他们发出信号，表示他们不愿意听到意见。而那些想法被忽视或被拒绝的员工就会对工作的满意度降低，遇到问题时也不太愿意提出创新的解决方案，而且辞职的可能性也会增大。

那么如何防止缺乏自信的领导对你和你的组织造成伤害呢？可以先问自己几个问题。

问自己几个问题

对于符合本书中任意一种类型的同事，你在采取行动之前反思一下与之相关的情况会很有帮助。那么，问一问你自己：

我有什么证据证明我的领导缺乏安全感？我的评估可能出错吗？

在你给领导贴上"缺乏安全感"的标签之前，要尽量保持客观。别人没有按照你想要的方式领导，并不意味着他们就是对自己没有信心。如果对方行事犹豫，可能是他们有充分的理由要规避风险，或者他们的文化背景就是崇尚谨慎。许多人，特别是女性，在社会上已经习惯于淡化自己的成功或优点。也可能是你的领导被鼓励避免逞强，要听从他人的意见。

这种不安全感是否造成问题？如果是，负面影响是什么？

你的领导不断寻求肯定也许确实让人厌烦，但这种行为本身是个问题吗？也许一旦你领导的自尊心得到了抚慰，其他的负面影响就能降到最低。思考一下领导的不安全感对你或你们的团队造成的损害（如果有的话）。它在哪些方面是有害的？对问题有一个清晰的认识会让你知道是否需要行动以及如何行动。

我是在助长不安全感吗？

对于一段消极的同事关系，探究一下你在这段关系的建立（或延续）过程中所发挥的作用，能给你带来很大帮助。这并不是说领导的信心问题是你导致的，只是你会不会刚好以某种方式触发了它呢？

你会慷慨地与你的领导分享荣耀吗？你会对他们的工作表示赞赏吗？也许是因为你自己的自我怀疑，导致你想夸大自己拥有的某些技能或专长，而这反过来又凸显了你领导的不足。也许你在别人面前质疑了他们的想法？或者暗示了你不相信他们能完成工作？仔细想想你是否无意中助长了领导的不安全感，从而导致情况可能变得更糟。

领导想要的是什么？

无论他们的不自信根源为何，大多数缺乏安全感的领导想要的都是少经历一些恐惧，对自己多一些自信。对此我们不是都有同感吗？每个人都希望获得良好的自我感觉。那你的领导还想要什么呢？他们的目标和愿望又是什么？

在任何情况下，想要和领导建立良好的工作关系，就必须了解领导的目标。在回答这个问题时，你可能会本能地倾向于消极的解释："我的领导就是想要毁掉我的职业生涯"或"我的领导就是想让其他人看起来很糟糕"。但是进一步想想呢。即使他们想要"毁掉"你的事业（这不太可能），那这种冲动背后的动机是什么？比如，也许他们害怕在即将到来的一轮裁员中丢掉工作，或者他们认为自己的评价（其实给你的感受更像是严厉批评）会激励你表现得更好。要不断地问自己"为什么"，直到你找到一个与之相关的驱动力。

有了这些问题的答案，你就差不多可以开始考虑采取什么样的措施来化解你和自我怀疑的领导之间的矛盾了。

可以尝试的策略

没有人愿意在工作日（或失眠的夜里）想什么新方法来安抚老板的自尊心，或者让他们停止对微小的、毫无意义的细节反复权衡，比如在演示文稿中使用什么字体之类的。但是与缺乏安全感的老板保持健康积极的关系会让你的工作生活更轻松，而且有一些行之有效的方法可以实现这一点。

看完下面的策略以后，你可以选择与自身情况最相关的策略进行尝试，尝试的过程中也可以随时对这些策略进行调整。

想想他们面临的压力

有太多的领导工作任务过多、不堪重负、资质不足或者培训不足。因此，退后一步，看看大局。他们可能会面对很多与职位相当的压力，比如实现年终目标，或者处理员工工作时间、地点方面的那些不断变更的条条框框，也许正是这些压力提高了你领导的焦虑水平，促使他们将不安全感所带来的坏情绪发泄在你身上。

他们可能有一些你看不到的或者无法完全理解的压力源。所以，训练你的同理心。要记住你的领导也是人，即使他们的不安全感给你带来了需要解决的问题。

斯维塔的领导试图控制她工作的方方面面，甚至会谎称有重要项目要启动，以此阻止斯维塔休假。因为这是斯维塔研究生毕业以后的第一份工作，所以一开始她还会犹豫是否要拒绝领导。但最终她觉得自己必须得说点什么。然而，与领导对质只会让领导更加坚持自己的谎言。因此，她开始尝试改变自己的心态。她告诉我说："最有效的方法就是把我的领导想象成一个孩子，想象她不知道自己造成的伤害。心里怀着这样的想法，我就可以像对待孩子一样保持冷静。"锻炼耐心需要很强的自控力，尤其是当她的领导惹怒她的时候。但是斯维塔很小心地控制自己不发脾气，她经常找借口离开房间，让自己先冷静下来，然后再回去面对与领导的激烈对话。她从不喜欢为这位领导工作，但是她确实学会了接受这种关系，至少是暂时地接受。对愤怒的控制使斯维塔和领导之间的紧张关系得以缓和，也让她能够完成自己的工作，同时还享受到了她应得的假期。

帮助他们实现目标

如果你那缺乏安全感的领导常常贬低你或把你的功劳占为己有，这可能会激发你自己的胜负欲。但是最糟糕的反应之一就是报复。如果你那自我怀疑的领导感觉到你不值得信任，或者你蔑视他们，那么他们的防御心理可能会加强。因此，不如反过来思考一下怎么做才有可能安抚他们，以及你是否愿意这样做。

桑杰就是这样学着和他的老板维内特相处的。维内特对桑杰缺乏信任，这让桑杰非常沮丧，当维内特在客户面前质疑桑杰的数据分析时，这种不信任体现得最明显。桑杰问他为什么要这样做，维内特则表示自己非常看重数据的准确性。因此桑杰后退了一步，他想看看自己能做些什么来回应老板的关切。桑杰尝试了一种新的分析方法，而且在与客户会面前的一两天，他特意与维内特分享了数据，并询问他的目标。桑杰告诉我："我想知道他想从这次会面中得到什么。"知道了维内特的目标以后，他就可以提出一些方法，以便让他们共同实现目标。他还说了诸如"我们做到了"和"我们一起努力真好"之类的话。这些话听着不免有些做作，但是桑杰注意到维内特因为这些而开始更加信任他了。当然，这需要额外的时间和努力，但是也得到了回报，那就是维内特不再当着客户的面诋毁他了。

把你们的工作设定为一种共同努力，这能够帮助缓解你和不自信领导之间的紧张关系，就像桑杰所做的那样。说话的时候尽可能多用"我们"开头。当你取得成功的时候，一定要记得与对方分享这份荣耀。

不过，要注意别贬低了自己的才能。研究表明，被别人嫉妒的员工往往会隐藏自己的优点，而且会尽量避免获得荣誉。但这可能适得其反。如果你的领导因此认为你的工作不达标，或者你的糟糕表现可能会给他带来负面影响，那么他可能会感到更加焦虑。公司里的其他人也可能会开始认为你的能力不佳。所以，你的目的是让领导认为你是一个值得信赖的合作伙伴，同时也不能损害自己的职业成就和声誉。

要表明你不是威胁

你要让你的领导把你当成盟友，而不是对手。如果你能从一开始就和领导形成这样的关系，那是最好的，但是重新调整你们的关系基调永远都不晚。比如在某个会议上，你可以这么说："我很钦佩您，希望今后也能继续向您学习。"与此同时，你也不能让他们觉得可以对你任意摆布。

关键是要注意自己说话的方式，不要让他们觉得自己受到了比之前更大的威胁。例如，"我不明白"这句话会让人觉得这是在质疑他们的才智，即使这只是一个简单的陈述，或者你是真的想弄清楚他们在想什么。

密歇根大学教授林德雷德·格里尔（Lindred Greer）研究过冲突问题，她跟我分享了一个小技巧：在跟一位视她为威胁的上司打交道时，她会把自己想象成一只可爱的小松鼠，并试着表现出这一形象的温暖。她说这个形象软化了她的棱角，也让她显得不那么具有威胁性了。这听起来可能挺傻的。我也曾问自己：我真的有必要假装自己是一只松鼠吗？但林德雷德说她已经开始喜欢这样做了。这能把她逗乐，还能把她的注意力从难相处同事带来的懊恼中转移出来。

表达赞美与感激

你也可以通过赞美来安抚领导的自尊心。针对自我感觉能力不足的管理者的研究表明，真诚的"恭维"会有所帮助。保持真诚非常重要，毕竟大多数人都能一眼看穿空洞的赞美。比如，如果你想让领导减少微观管理，那你就不要告诉他们你很钦佩他们对细节的关注。

许多人害怕让人觉得自己在阿谀奉承，这完全可以理解。如果不想恭维对方，你也可以对他们为你做的事表达感激。"下属往往没有意识到他们的领导是多么渴望证明自己做得还不错，"纳撒尼尔·法斯特说道："人们不喜欢把照顾领导的自尊心当成员工的职责，但不妨试试，它确实会带给你一种能够影响别人的小小成就感。"法斯特在他的一项研究中发现，一名员工说了句"非常感谢你，我很感激"以后，这句话甚至对他那缺乏安全感的经理所做的员工绩效评估都产生了积极影响。因此，可以试着向你的经理表达感谢，比如感谢他给你机会从事一个备受瞩目的项目，或者感谢他把你介绍给另一个部门的同事。私下里这样做也很好，但是如果你能在他们重视的人面前感谢他们，可能会产生更大的影响。这不仅会让他们安心，而且能通过吸引别人关注他们的一些优势来帮助他们建立信心。

如果领导让你的日子过得很艰难，那你可能最不想做的就是讨好他。但是，我还是希望你能用这一点代价换得压力减轻和更光明的职业前景。

尼娅愿意与她的领导塔玛拉达成这样的协议。塔玛拉是那种很容易改变主意的人，最近跟谁交谈过就受谁影响。这让尼娅和她的队友头疼不已，因为塔玛拉会反复改变决定。尼娅的解决方案是成为塔玛拉信任的顾问，这样当塔玛拉开始怀疑他们是否朝着正确的方向前进时，她就会求助于尼娅。"我必须时刻警惕谁在她耳边窃窃私语，并随时准备好应对她的任何担忧，防止她可能让我们偏离正轨，"尼娅告诉我，"如果我对她采取沉着冷静的态度，给她渴望的尊严，她就能找到自己的方向。这种感觉有点像是，她需要我成为她的直布罗陀巨岩 ①（Rock of Gibraltar）或者说是定心石一样。"尽管这需要尼娅做到巧妙平衡，但是她觉得这是值得的。因为她能随意选择称心的项目，还能帮助部门更加顺利地运转。

尼娅的努力改变了她和塔玛拉之间的权力动态，研究表明这种策略可以减少粗暴领导对下属的苛待行为。如果你能在与领导的相处中取得优势——也许是通过发展某种技能让你的领导依赖

---

① 直布罗陀巨岩：磐石山，又称"海格力斯之柱"，位于地中海西南端西班牙南部直布罗陀港城附近的巨型石灰岩，象征十分安全或坚如磐石。——译者注

你，或者成为一名值得信赖的顾问——这可能会阻止他们的一些问题行为，甚至能促使你的领导更好地对待你。

恢复他们的控制感

缺乏安全感、难以信任他人的管理者往往会求助于微观管理。你可以通过帮助他们获得掌控感来适当阻止他们的干预。你可以尝试这样说："我们做什么最终取决于你"或"我相信你会做出正确的决定"，然后就如何推进提出建议。

共享信息是增强他们控制感的另一种方式。许多缺乏安全感的管理者害怕被排除在圈子之外。要尽量让他们及时了解最新情况，让他们知道你在做什么以及你在跟谁交谈，尤其是公司其他部门的人。还要定期进行工作汇报，告诉领导他们所关心的项目的进度，让他们对这个过程有种参与感。虽然当下觉得这样做很麻烦，但是尽可能多地与领导共享信息也许能省却你以后为自己辩护的麻烦。

研究表明，在对话中提问而不是提供答案也能增强对方的控制感。用"如果……"或"我们能不能……"这样的句子来提问，邀请你的领导分享他们的想法。

创建一个赞美收集文件夹

当你和一个缺乏安全感的老板共事时，你需要找到方法来增强自信，这样才不会像爱子那样陷入自我怀疑的陷阱。或许你可以列出自己的优点随时查看，这样在和领导发生了特别艰难的交锋以后就可以翻出来看看，或者多跟公司里（或公司外）那些能够把你最好的自我反映出来的人相处。

在我的职业生涯中，我得到的最好建议之一就是在收件箱里创建一个赞美收集文件夹。我会在这里保存所有我收到的赞美记录，包括对我出色工作的祝贺、对我工作的表扬，或者指出我的努力对同事、客户或读者产生的影响等。我并没有像创建文件夹时所想的那样会经常查看它们，但是只要知道这个文件夹的存在，我的自信心就可以得到提高。

现在就去你的邮件里创建一个文件夹，每当你收到别人的赞美时，哪怕是很小的赞美，你也要把它存进去。这样当你需要提振信心时，特别是跟缺乏安全感的领导打交道以后，只需点击一下鼠标就能获得表扬。

· · ·

不幸的是，无论你的策略有多高明，你都不可能治愈领导的不安全感，而且这也不是你的责任。虽然本章提供的策略应该可以帮助你改善相处，但不要过火。如果你把所有精力都放在了应对领导上面，那你可能会做不好工作，或者与公司同事疏远，因为他们会无法理解为什么你要如此专注于让一个力不胜任的领导看上去能力不错。如果你发现这一过程难以把握，请参阅第十二章，看看在认输之前有没有最后的办法可以尝试。

尽管爱子开始质疑自己，但她还是努力通过强调两人共同的工作议程来改变她和领导之间的关系。她总是煞费苦心地让科拉参加会议，并随时让她了解情况。每个周末来临之前，爱子都会给科拉发一封电子邮件，列出她们所有项目的进展情况或者她在那一周进行的重要谈话。这些记录起到了双重作用：一是有助于缓解科拉的焦虑；二是记录了爱子在工作上的出色表现。爱子的内心深处一直都很清楚，科拉的不安全感可能会导致她试图在别人面前打倒自己。因此，她很高兴能像这样记下她取得的进展，如果真的发生这种情况，她就可以借此证明自己。万幸这种情况没有出现。最终，爱子离开了这家公司，但她也为科拉工作了五年。

回首往事，爱子认为自己也许能将这种情况处理得更好，尤其是如果她没有把科拉的行为看成是针对自己的话。当然，这并不容易做到。如果你的管理者总是在背后监视你，质疑你的工作，或者试图以牺牲他人为代价来撑起自己的自尊，这可能会让你觉得像是人身攻击。但是，要努力与现实情况保持一定的情感距离。或许你也可以把自己想象成一只可爱的毛茸茸的小松鼠。

词│句│借│鉴

在对缺乏安全感的领导尝试这些策略时，可以提前准备一些词句。你可以将以下建议集成到自己的方法中。可以适当进行调整，好让这些词句更加真实贴切。

表明你致力于帮助领导获得成功

"我想确保我们每个人的付出都能获得肯定。"

"我知道大家都希望团队能够表现出色。"

"整个团队都支持你。"

"我知道我们都在努力使这项工作取得成功。"

帮助领导建立信心

"我很感激我们上周关于这个项目的谈话，它改变了我的想法。"

"我喜欢你在那次会议上的发言，我想其他人也会重视你的意见。"

"你对这个问题的见解很独到，我很想听听你的想法。"

给领导以控制感

"我想分享一点个人拙见，然后由你来做最后决定。"

"我们怎么做最终取决于你。"

在分享自己的想法之前，先引用他们的想法："我想在你的想法基础上……"或"正如（某领导的名字）刚才所说……"。

"你觉得我提供给你的信息足够充分吗？让你了解情况对我来说很重要。"

策│略│集│合

针对缺乏安全感的领导

要：

- 记住缺乏安全感的领导也是人，妖魔化他们对任何人都没有帮助。

- 将自己定位为盟友，而不是对手。

- 向领导表达真诚的赞美或感激，可以私下进行，但也要在他们重视的人面前这样做。

- 说话尽可能多用"我们"开头。

- 让他们及时了解最新情况，让他们知道你在做什么以及你在跟谁交谈，尤其是公司其他部门的人。

- 定期进行工作汇报，告诉领导他们所关心的项目的进度，让他们对这个过程有种参与感。

不要:

- 假设你知道你的领导承受着什么样的压力或者导致他们缺乏安全感的原因。
- 报复。如果你那自我怀疑的领导感觉到你不值得信任，或者你蔑视他们，他们的焦虑可能会增加。
- 在你获得成功的时候忘记分享荣耀。

04

第四章

悲观主义者

"这根本行不通"

　　特蕾莎的工位和西姆兰隔着两个隔间，她习惯了每天都要去找西姆兰好几次。西姆兰本来也不会介意这些短暂的闲聊，只是特蕾莎什么也不做，只会抱怨。"每天早上当我问她怎么样时，她就开始吐槽生活中各种不好的事，"西姆兰告诉我，"她的家庭，她的通勤，我们同事，什么都有！"起初，西姆兰以为倾听和提问可以让她的同事发泄一些负面情绪，结果这只会让事情变得更糟。"我成了她每天必找的发泄对象。"

　　有一次，公司执行总裁召开全体员工会议，她宣布因为今年业绩强劲，所以她要给公司所有员工发放奖金。之后特蕾莎立即来到西姆兰的办公桌前，抱怨公司的福利待遇还是不够好。这让西姆兰大为扫兴，不仅关于她自己的奖金，还关于公司取得的成功。

在工作上，西姆兰必须和特蕾莎密切合作，也希望与她和睦相处。可是她发现这太难了，大多数时候，当她看到特蕾莎走过来时，她本能地想要转身就跑。

悲观主义者、愤世嫉俗者、怀疑论者、抱怨者、唱反调者、失败主义者。

我们都曾与这样的人共事过，他们似乎从来都找不到积极的事可说，甚至好像还喜欢指出项目和计划会失败的所有可能性。你可能熟悉美国综艺《周六夜现场》[①]（*Saturday Night Live*）曾经塑造的一个角色"黛比·唐纳"[②]（Debbie Downer），该角色由美国女演员瑞秋·德拉彻（Rachel Dratch）精彩演绎。黛比在任何社交聚会上都很惹人讨厌，她老是提起猫的艾滋病发病率。任何与她互动的人都会感到恼火，虽然这只是喜剧的夸张表现，但很多人都能理解不得不与黛比这样的人打交道的恐惧。因为和悲观主义者打交道一点也不好玩。

以下是他们经常表现出的一些行为：

- 抱怨会议、高层领导、其他同事以及任何事情。
- 宣称新的倡议或项目注定失败。
- 抱着"我们已经试过，但是失败了"的心态，尤其是在关于创

---

① 《周六夜现场》：美国一档于周六深夜时段直播的喜剧小品类综艺节目，节目于 1975 年 10 月 11 日在全国广播公司首播，原名《NBC 的周末夜》（*NBC's Saturday Night*）。节目由一系列讽刺恶搞当下政治和文化的喜剧小品组成，其演职人员数量众多且不断更新。

② "黛比·唐纳"："唐纳"的英文"downer"原义为"令人沮丧的人或事"，这里取此姓氏有隐喻"黛比·唐纳"这一角色性格的意味。

新或新工作方式的讨论中。

- 立即指出策略或行动计划的风险。
- 说一些消极的话，即使消息或会议大多是积极的。

　　每当特蕾莎不在办公室或者去度假了，或是忙得没时间停下来聊天的时候，西姆兰都会觉得自己更加专注和高效。她还发现，每当听到特蕾莎走向她的办公桌时，她都会从身体上做好迎接消极情绪冲击的准备，甚至假装正在忙着什么事情，借此希望特蕾莎不会过来打断她，然后跟她抱怨。但是这些逃避方式无法持久，她发现自己希望特蕾莎能改变其态度，或者至少找到其他输出自己消极情绪的地方。

　　如果你想摆脱唱反调的同事带来的阴霾，那么了解他们行为背后的动因是很有帮助的。

悲观行为产生的背景

　　悲观主义者之所以会以这样的方式看待世界，其实有很多原因，更深入地理解他们如此行事的成因可以帮助你决定使用哪些策略，同时还能激发更多的同理心。你甚至可以从他们的观念中获益。

　　是什么让特蕾莎这样的人变得如此令人沮丧？这个问题没有单一的答案。然而，说起悲观，通常有三个因素需要考虑：

- 观念。悲观主义者认为消极的事件或结果是不可避免的。想一想英语儿童文学中的经典悲观主义者"忧天小鸡"（Chicken Little）［部分国家称其为"小鸡潘妮"（Henny Penny）］，她跟农场里的每一只动物说"天要塌了"。忧天小鸡相信灾难迫在眉睫。

- **能动性**。第二个方面是，这个人是否觉得他们可以做一些事情来影响某件事的结果。米歇尔·吉兰①（Michelle Gielan）是一位专注于幸福和成功的研究员，因此也会相当关注悲观主义。她将悲观主义者定义为"不相信好事会发生，也没有能力改变结果的人"。她表示，消极思考不一定是坏事，事实上在某些情况下可能是合理、必要的。但是，如果一个人觉得他们为避免灾难所做的努力无济于事，他们就不太可能采取行动。

- **行为**。态度决定行为。失败主义者的行为可能包括无休止的抱怨，就像西姆兰的同事特蕾莎一样，或者不断地贬低他人的想法，或者谈论自己有多不开心。这些行为就是他们的宿命观和缺乏能动性的表现。

这三个因素都非常需要反思。你的同事是否持有消极的观念，但很少付诸行动？他们是否认为自己有能力改变当前境况或影响项目结果？那些拥有消极人生观但仍具有能动性的人通常属于"防御性悲观"②（defensive pessimism）范畴，这种悲观有时会带来一定的好处。

例如，一项研究表明，患有慢性病的防御性悲观主义者更有可能采取行动改善健康状况，比如积极管理自己的疼痛。研究人员认为，防御性悲观主义者在传染病暴发期间可能会表现得更好，因为他们的担忧会让他们采取一些预防行为，如经常洗手或咨询医生。相比于那些认为自己对随处可见的即将到来的厄运束手无

---

① 米歇尔·吉兰：曾是美国 CBS 新闻台的新闻主播，著有畅销书《传播幸福》，是积极应用心理学倡导者。——译者注

② 防御性悲观：一种预测消极后果并采取相应防范措施的心理策略，是指在过去的成就情境中取得过成功，但在面临新的相似的成就情境时仍然设置不现实的低的期望水平并反复思考事情的各种可能结果。——译者注

策的人，防御性悲观主义者会更容易相处。

还有另一类悲观主义者——受害者，他们倾向于持有消极观念，而且几乎没有能动性，他们会表现得好像自己就是厄运承受者或别人嘲笑的对象一样。我将在第五章中对这一另类的悲观进行更多阐述。

防御聚焦动机与促进聚焦动机

为了更好地理解悲观的同事，方法之一就是思考所谓的动机聚焦（motivational focus）。根据这一理论模式，有防御聚焦（prevention-focused）倾向的人会注重安全，经常将任务视为一系列需要克服的障碍。而那些促进聚焦（promotion focus）的人则倾向于以积极的方式思考未来，当别人只能看到无法克服的挑战时，他们却能看到机遇。美国社会心理学家海蒂·格兰特（Heidi Grant）和 E. 托里·希金斯（E. Tory Higgins）描述了这两种类型之间的差异，见表 4–1。

两种类型没有更好更坏之分，但它们在团队和组织中会起到不同的作用。格兰特和希金斯解释说："有防御聚焦倾向的人往往更趋向于规避风险，但他们的工作也更全面、更精确，考虑得更仔细。为了成功，他们会缓慢而细致地工作。他们通常不是最有创造力的思想家，但他们可能具有出色的分析和解决问题的能力。虽然有促进聚焦倾向的人会产生很多想法，有好有坏，但通常需要有防御聚焦倾向的人来做好坏区分。"你的悲观同事如此表现会不会是因为他有防御聚焦倾向？

如果你属于促进聚焦型（注意可能同时拥有两种类型的特征），那么你可能会觉得防御聚焦型同事特别令人沮丧。但是，了解了他们的行为中存在有价值的方面，以及悲观主义者不仅仅是病态地坚持"天要塌了"以后，你会发现他们的警惕性没有那么令人讨厌，甚至还可能带给你启发，让你知道如何把它往好的方向引导。

另外，可能还有其他动因导致你的同事不停地抱怨，包括焦虑、对权力的渴望以及怨恨。

表4-1 主要动机聚焦类型之间的差异

促进聚焦型人群：

- 工作迅速
- 考虑许多备选方案，是优秀的头脑风暴者
- 对新的机会持开放态度
- 是乐观主义者
- 仅针对最佳情况进行规划
- 寻求积极反馈，否则会失去动力
- 出现问题时感到灰心或沮丧

防御聚焦型人群：

- 工作缓慢而从容不迫
- 倾向于准确无误
- 做好最坏的打算
- 会因为期限短而压力大
- 坚持行之有效的做事方式
- 对表扬或乐观感到不舒服
- 出现问题时感到担心或焦虑

资料来源: Adapted from Heidi Grant and E. Tory Higgins, "Do You Play to Win—or to Not Lose？", Harvard Business Review, March2013.

焦虑

对许多悲观主义者来说，想象最坏的情况可能是对焦虑的下意识反应。他们觉得思考所有可能出错的方面能够防止这些可能性成为现实。当然，只有当他们采取行动防止最害怕的事情发生时，这才有用。

比如，想想你上一次申请一份特别想要得到的工作。在这个过程中，你可能会一度（或几度）告诉自己，你"永远也不会得到这份工作"。这种下定论的自我对话肯定是悲观的。然而，如果你能因此更加充分地准备面试，或者对公司做更多的调查，那么这就起到了积极作用。

或许你的悲观同事根本没有意识到他们的思想总是倾向于消极，或者他们认为这样做是有益的。例如，他们可能认为，提前指出对这些想法的不满，其实是在拯救团队使之免于失望的痛苦。以这种方式表达他们的焦虑会让周围的人，特别是乐观主义者感到不舒服。但认识到他们这样做是出于担心，而不是为了泼冷水，就会让应对更加容易。

权力

同事唱反调还可能是出于对权力的渴望。当我跟一个全盘否定别人想法的人开会时，通常我会把它理解为转移责任。毕竟，如果他们坚持"那是行不通的！"，那么当项目没有按照预期获得成功时，他们就不用承担责任了。在某些情况下，我还会认为这是懒惰的表现。如果一位同事说"我们甚至连试都不该试"，那么他们就用不着把项目做好或为项目多费一点力。

但是美国弗吉尼亚大学副教授周艾琳（Eileen Chou）的研究揭示了一个不一样的动机。她的研究发现表明，悲观主义者在表达否定当中找到了一种控制感。他们不是在逃避责任，而是通过与团队意见相左来维护自主权。别人也会因此认为他们更有权威。她向我解释道："我们以为大多数人都会回避反对者，或者排斥他们，因为他们惹人讨厌。可实际上恰恰相反，地位高的人往往会发表一些否定或相反的言论。"这会形成一种强化循环。悲观主义者利用否定来让自己感觉强大，而他们的怀疑论又更容易让别人也这么认为，甚至还会选他们当领导者，这就使得感觉上的权威变成了现实的掌权。

怨恨

也许你那悲观的同事正在表达不满。就拿菲利普来说吧，菲利普和他的同事奥黛丽在一家制药公司的营销部工作，两人都在准备升职。菲利普在那儿工作了七年，而且盼着当团队领导已经有段时间了。而奥黛丽相对来说是个新人，八个月前才进这家公司。但高级营销副总裁认为奥黛丽更有发展潜力，于是把这个职位给了她。在接下来的六个月里，菲利普反对奥黛丽提出的每一个想法，并声称她提出的所有新方案都"已经尝试过了"，而且结果都是"彻底失败"。

在菲利普这个案例中，他的行为与焦虑的性格或动机聚焦无关，是他的怨恨导致他故意破坏奥黛丽的威信，阻碍团队的进展。像菲利普这样没有获得升迁、感觉不受公司或领导重视或者觉得自己没有得到应有尊重的人，从他们身上你经常能看到这种愤世嫉俗和厌倦的态度。所以，不管是有意还是无意，他们都试图扳倒身边的人。

然而，在某些情况下，悲观主义者怀疑自己受到不公正待遇可能是正确的，特别是考虑到众所周知的那些被低估的群体，比如女性和有色人种，他们在晋升中经常被忽视。

无论悲观主义者的行为是由什么原因导致的，这些行为都会给你和你的组织带来损失。

与悲观主义者共事的代价

研究表明，悲观主义者本身会付出巨大代价。他们比乐观主义者更容易感到焦虑和抑郁。他们往往会承受更多的压力，需要更长的时间从疾病和其他挫折中恢复过来。一些研究表明，消极的态度会降低人的创造力。甚至还有证据表明，悲观主义者会经受更大的财务困境：与乐观主义者相比，他们不太可能为大宗消费存钱或建立应急基金。他们也往往比乐观主义者更担心金钱和财务状况。

无论是积极还是消极，情绪都具有传染性，所以你会很容易被拖入同事的悲观情绪当中，也因此可能会承担上面提到的一些代价。你可能会变得意志消沉，会比平常更加担心消极后果，或者开始觉得你的行为不会对工作产生什么影响。又或者当你试图避开悲观主义者时，你可能会变得急躁易怒、焦虑不安。你与消极的同事相处的时间越多，你就越容易开始通过他们的眼睛看世界。

这就是贾马尔的遭遇，当时他的经理考特尼经常批评公司的领导层。这是贾马尔的第一份工作，所以他根本没有想过要去质疑考特尼的观点。相反，他开始按照考特尼描绘的那样去看待公司的领导。他跟我描述道："持续的消极情绪削弱了我对未来的热情、兴奋和乐观，我把她的批评内化了，也开始相信领导层和我们的产品存在缺陷。"他还说自己甚至对一些队友产生了怀疑，因为每当有人不来上班时，考特尼就指责他们装病。尽管他们团队一直能够达到甚至超过预定目标，但是"考特尼总是让我们觉得我们不够努力。这确实在我们之间造成了分歧。当这些裂缝存在时，你就无法成功地实现团队销售"。

只要团队中有一个悲观主义者，尤其是像考特尼这样有职权的人，所有人的互动方式都可能被改变。不断的抱怨会在团队中造成分裂，降低每个人的工作满意度，侵蚀彼此的信任，滋生消极情绪，从而败坏整个团队或组织文化。

谁也不想承担这些代价。那么，如何与那些令人沮丧的同事相处呢？可以先问自己几个问题。

问自己几个问题

回答以下问题将帮助你开始制订计划，改善你和悲观同事之间的关系。

他们悲观的起源可能是什么？

了解是什么导致悲观主义者否定他人想法或拒绝尝试新方式，这或许能让你找到从未想过的解决方案。导致他们抱怨的根本原因是什么？前面描述过的动机，比如防御聚焦、需要权力或者焦虑等，这些会不会符合条件呢？他们又会不会是对某些事情感到不满呢？

如果你的同事担心项目失败，你可以向他们保证，他们不会因为尝试新事物而受到惩罚。如果他们害怕"浪费时间"，你可以向他们重申尝试是有价值的，即使进展没有那么顺利。如果他们只是精疲力竭或太忙，不想太拼命，那么也许你可以帮助他们解决如何管理工作量的问题（或者如果你是他们的老板，你可以给他们减少工作量）。

积极主动地找出他们形成这种态度的根本原因。卢卡斯就是这样对待他的同事乔的，乔不停地抱怨他们的咨询团队针对新医疗设备的市场评估方式。他们的团队召开了几次会议讨论项目，想要明确分工，并设定目标和时间表。乔没有对这些讨论做出任何有效贡献。他会交叉着双臂说道："我看不出这对客户有什么用处。"卢卡斯把他拉到一边，问他怎么回事。经过一番探讨以后，卢卡斯发现乔显然没有完全理解自己该做什么。他的悲观主义其实是一种防御机制。后来卢卡斯花了半天时间和乔一起讨论他需要做的事，并和他一起练习。他们一起评估了 30 个细分市场中的 5 个细分市场，这样乔就可以轻松地独立完成其余 25 个细分市场。这种方法奏效了。卢卡斯告诉我，乔的"怀疑态度消失了"，他再也没有在会议上唱过反调。

他们的担忧合理吗？

存在一点怀疑是健康的，甚至是必要的。悲观主义者在社会上以及大多数职场中发挥着重要作用，因为他们带来了平衡。他们可以帮我们指出许多人，特别是乐观主义者往往会忽略的风险。当其他人急于推动一项计划时，他们会提醒大家谨慎行事。我们需要不同的声音来检验我们的假设，推进我们的想法，防止我们因为犯错而付出高昂代价，而消极有时也是合理的。当你目睹世界各地正在发生的事情——经济不平等加剧、种族不平等、民粹主义和民族主义浪潮高涨——你会发现有些人对未来不抱希望是可以理解的。我们明明有很多理由去担心未来，这时候坚持要求态度积极只会让你心生困惑。

想想你的团队或组织是否陷入了某种"积极崇拜"——只有意见一致和保持乐观才能获得回报。你是否给别人留了公开反对或表达怀疑的空间？也许你给一位同事贴上悲观主义者的标签，只是因为他愿意在别人都不肯说实话的时候发声。

他们的哪些行为是有问题的？

尽量避免笼统地描述你的同事和他们的悲观态度，要准确定位那些带给你困扰的行为。是因为他们的消极评论打消了团队其他成员发言的积极性，还是因为他们决不承担工作，除非他们百分百肯定这项工作会取得成功？

我经常听到人们形容悲观主义者"让空气都凝固了"，我当然也和这样的同事合作过。但是我们首先要弄清楚他们具体做了什么导致了问题的出现。正如海蒂·格兰特告诉我的那样："你需要确定是否真的有问题。你可能不喜欢他们的方式，但你也许可以不用理会，翻个白眼，嘟囔一句，然后继续做你该做的。"

清楚地了解哪些行为给你和其他同事带来麻烦，将有助于你决定采用哪些策略。

可以尝试的策略

如果始终保持乐观的小熊维尼都无法改变屹耳①（Eeyore）的世界观，那么很有可能你也无法让你的同事总是看到光明的一面。但是，你可以采取一些措施，让你们的共事更加愉快、更有成效。

将讥讽重新定义为天赋

假设你的同事没有恶意，那么试着把他们看作拥有特殊天赋的人。当他们指出你正在做的计划注定要失败的又一个原因时，告诉你自己：他们正在利用某种独特的天赋来帮我们看到风险。这种指出潜在缺陷的能力往往会被低估。看看过去几十年中发生的许多大公司的灾难，从安然破产②、富国银行丑闻③到英国石油公司漏油事故④，再到波音737MAX悲剧⑤。专家在研究这些灾难

---

① 屹耳：迪士尼动画《小熊维尼和蜂蜜树》中的角色，出演了众多小熊维尼系列作品。它是一头旧的灰色小毛驴，悲观、过于冷静、自卑、消沉，觉得整个世界都是一个十分阴沉而充满宿命论的地方。——译者注

② 安然破产：指2001年发生在美国的安然公司破产案。安然公司曾是世界上最大的能源、商品和服务公司之一，名列《财富》杂志"美国500强"的第七名，然而2001年12月2日，安然公司突然向纽约破产法院申请破产保护，该案成为美国历史上企业第二大破产案，而安然的财务造假丑闻也使其成为欺诈象征。——译者注

③ 富国银行丑闻：指2016年富国银行集团在未经客户同意的情况下创建数百万储蓄和支票账户从而引发的争议。——译者注

④ 英国石油公司漏油事故：2010年4月20日晚，英国石油公司位于美国路易斯安那州墨西哥湾海面的一座钻井平台发生爆炸，大量原油在深海泄漏，引发美国历史上最为严重的石油泄漏事故。——译者注

⑤ 波音737MAX悲剧：原文为"波音747MAX悲剧"（Boeing 747 Max tragedy），经查证应为波音737MAX，近几年的737MAX坠机事件包括2018年10月印尼狮航610航班坠毁和2019年3月埃塞俄比亚航空302航班坠毁，一共造成346人死亡，之后737MAX全球禁飞。——译者注

及其他灾难发生的原因时一致发现，许多员工其实知道发生的错误（或犯下的罪行），但都三缄其口。通常，人们保持沉默是因为组织文化不鼓励员工提出担忧，而且他们自己也会担心这样做的后果。

客观地接受悲观主义还能帮助人们建立一种联系。发现你和唱反调同事的共同点，以及看到他们悲观性格背后的逻辑甚至价值观，这能帮助你理解他们，也许最终能让你们融洽相处。但是，改变你的观点仅仅是个开始，单凭同情心不太可能阻止你的同事传播他们的消极思想。

让他们发挥作用

如果你的同事天生就擅长指出风险，那就考虑让这成为他们正式职责的一部分。你肯定听过这样的建议：指定一名"魔鬼辩护人"①（devil's advocate）让他负责出难题，挑战团队的思维。研究表明，至少给予一个人这样反驳的权利，可以为整个团队带来更好的决策。这个任务派给悲观主义者简直完美。鉴于"魔鬼辩护人"这个词对于一些人来说具有负面含义，我愿将其称为"反对首席"。

这种策略的一个优点是，它能够防止团队贬低悲观主义者，并将他们重新塑造成能够带来有效产出的团队成员。曾任美国科技公司高管和创新专家的尼洛弗·麦钱特（Nilofer Merchant）大

---

① 魔鬼辩护人：指的是提出一个意见且该意见与"多数人的看法""主流思想""政治正确的观点"不一致的人，即假意反对、故意唱反调的人。这种人的存在能激发一个群体的脑力激荡，引导群体重新检视原有的既定思维模式。这种提出意见的方式最早源自罗马天主教会。——译者注

力支持这种观点，即不同的声音是个人和企业成长的关键。她这样写道："一些领导妖魔化别人（提出反对意见的人），指责他们是问题所在，而不是解决问题所在。原因很简单：看到自己的缺点总是不舒服的。正是这种不舒服导致领导者转移焦点和自我防御。当然，领导者这样做的同时也在限制公司的进步。"

挑战他们的假设

悲观主义者："这注定要失败。"

你："事实上，我认为这也许能成。"

悲观主义者："你太天真了。"

试图强迫悲观主义者以你的方式看问题，可能只会让他们更加执着于自己的观点。相反，可以从他们的根本想法和假设入手，让他们对自己的观点进行阐述或提供更多信息。比如，如果你的同事说，"这个项目永远不会获得财务部批准"，那么请他们解释原因。更好的方法是，问他们其他解决方案："我们怎么做才能确保项目获得他们的批准呢？"（注意你的语气，不要显得轻蔑或居高临下。）你甚至可以用"但是"这样的转折句来给他们做个示范。比如你可以说："财务部可能的确不会批准这个项目，但是现在就打好基础是值得的，因为明年他们会倾向于批准更多的技术项目。"

海蒂·格兰特表示，在与悲观主义者打交道时，可以打这种神奇的组合牌："你要清楚地表明，你相信这会很艰难，但同时你也相信自己可以成功。"如果你表现得好像成功轻而易举，悲观主义者就会反驳你。要告诉他们你理解他们为什么会有这样的感觉，这能提高你劝说他们换个角度思考的可能性。

你也可以在承认他们的同时，重新构述他们的抱怨。比如，如果悲观主义者抱怨另一个团队成员懒惰，你可以这样说："现在这个时候大家都很忙。我敢肯定他们做的比我们看到的更多。"不要表现得居高临下或是刻薄，像这样提出另一种观点就能有所帮助。或者你可以让你的悲观同事提出建设性意见。比如你可以说："我明白你为什么会感到沮丧。你觉得我们现在能做点什么吗？"或者"下次我们可以尝试怎么做？"。你不用跳出来说，"来，做点什么改变吧！"，而是可以告诉悲观主义者他们能够采取的措施，甚至可以讲述你过去遇到类似情况并做出有效反应的经历，以此来增强他们的能动性。

帮助他们理解这种悲观情绪何时有益，何时有害

因为适度的怀疑对一个团体是有益的，所以你那持有失败主义论的同事可能并没有意识到他们的言行会对他人产生消极影响。因此，要帮他们清醒过来。比如，你可以说："当你做出消极评论时，团队会停滞不前。"

当拜伦的同事摩根一直说他们的合作项目不会成功时，拜伦就是这样做的。他们的团队负责管理公司的销售库存，发现可能提高功效、带来新销量的运营方法。摩根在另一个部门工作，他从一开始就对这个项目持怀疑态度。拜伦看得出来摩根的态度激怒了其他团队成员，他担心这会阻碍项目进展。于是他和摩根进行了一对一的交谈，并尽可能婉转地向他解释，他的每次消极评论都会让团队成员看起来灰心丧气，然后他们的谈话就这样结束了。之后摩根却变本加厉，重申了他对这么多部门参与进来能否完成该计划的怀疑。拜伦让他别光提担忧，还得针对现有想法提出其他替代方案。拜伦告诉我："我跟他解释说，他现在做的让人感觉就像是不断地设置路障，却没有提供绕行标志。"后来摩根接受了拜伦的建议，而当团队成员给出了积极回应，同时看上去如释重负的时候，摩根的改变又得到了进一步的鼓励强化。拜伦告诉我，他们团队的建议和摩根提出的许多替代方案一起得到了实施。他认为摩根的贡献使得整个过程变得更加严密了。

向积极靠拢

积极的同伴压力也可能带来帮助。虽然单独针对某个人有时会适得其反，但是你们可以从整个团队出发来制定一些需要遵守的标准，以此引导某个扫兴的人往正确的方向转变。例如，你们可以集体商定，每个人在发言前都要问自己"这种言论会有帮助吗？"。你们也可以约定，批评的同时应该提出建议，就像上一个例子中拜伦鼓励他的同事摩根所做的那样。

如果悲观主义者的消极情绪正在影响团队，那么及时采取行动便显得尤为重要。周爱琳在她的研究中发现，即使是一个悲观主义者也可以影响整个团队的决策过程。她解释说，由于团队具有保持和谐的内在动力，因此"如果存在一个离群者，该团队就会趋向离群者以安抚他"。她表示，可以通过集体约定决策不应只受一个人的观点影响来对抗这种趋势。

营造积极的氛围是利用同伴压力鼓励悲观主义者保持乐观的另一种方式。比如，米歇尔·吉兰建议可以在会议开始时给出一个积极的提示，如"说出同事最近让你的生活变得更好或更轻松的一种方式"。使用什么具体提示不重要，重要的是帮助团队专注于积极的方面。

小心两极分化

在尝试这些策略时，要注意你的行为，不要无意中让你的问题同事更加固执己见。正如格兰特所说："许多悲观主义者认为乐观主义者是白痴，他们会急于将你视为一个天真的傻瓜而否决你。而我们则认为我们可以像拿着'消防水带'一样用我们的乐观主义淹没他们！"

然而，过分追求积极可能会使他们更加坚定地沉浸于忧郁和沮丧当中。所以，要尊重他们的动机类型，甚至承认他们观点当中的正确性。承认你自己也会有消极的感受或想法，然后认可他们的观点，或者你同意的部分观点，这些都会有所帮助。你不必说"你一定是对的，这个项目不会成功"这种话，但你可以说"我明白了你的担忧，我也有些同感。请告诉我是什么导致你得出这些结论的"。

词│句│借│鉴

选择合适的话语，以免激怒或疏远你的悲观同事，做到这一点还是挺难的。下面提供一些词句以供尝试。

引导他们采取积极措施

"我们怎么做才能防止出现你预测的结果？"

"我们需要什么才能获得成功？"

"如果你对（个人、领导、项目）感到不满，我们不妨讨论一下你可以采取什么措施来改变这种情况。我有一些主意，但我想先听听你的想法。"

不要让他们固守自己的观点

"一方面我对你的看法有些赞同，我们的方法可能确实行不通，而另一方面我又觉得我们可以取得成功。我们来梳理一下这两种观点吧。"

"我明白了你的担忧，我也有些同感。请告诉我是什么导致你得出这些结论的。"

"我明白你为什么会感到沮丧。你觉得我们现在能做点什么吗？或者下次我们能做出哪些改变？"

重新定义他们的观点

"我想知道会不会有另一种看法。"

"你很善于识别不利因素。我们现在可能遗漏的是什么？"

与积极的人群相处

多花时间和更加积极的同事相处是一个很好的方法，这能帮你更好地抵御负面情绪的冲击。寻找那些能鼓舞你而不是让你消沉的人，努力和他们建立关系。

贾马尔的老板考特尼让他对公司领导和他自己的队友（详见"与悲观主义者共事的代价"）产生了反感，于是贾马尔使用了这个策略。在他意识到考特尼对他的负面影响以后，他就尽量避免与她接触。他把时间多用于那些对未来充满热情的同事身上。就像他所说的："和那些对工作和公司充满热情的同事在一起，这对我产生了很大帮助。他们想走出办公室去到现场，甚至想站到屋顶上大声宣传我们的产品！"尽管考特尼从未真正改变她的态度，但贾马尔在志同道合的朋友的帮助下也得到了很好的发展。

· · ·

让我们回顾一下西姆兰和她的同事特蕾莎的故事，特蕾莎找西姆兰聊天只会抱怨。西姆兰告诉我，她在与特蕾莎的互动方式上做了细微改变，而且她会努力强调积极的一面。比如，她每天早上问特蕾莎"你好吗？"，结果"每天都是消极的怨言"，过了三个月以后，她开始这样问："今天有什么好事吗？"头几次，特蕾莎有些吃惊，没有回应。但很快，她开始回答这个问题。西姆兰说她后来再也没问过"你好吗？"；相反，她会问"你和那个客户的会面进展如何？"或者"跟我说说你报告里最精彩的部分"。

她还学会了从特蕾莎的长篇大论中开脱出来："我会尽快礼貌地退出谈话。"西姆兰承认，她对这样的小措施竟然能奏效感到很惊讶。尽管特蕾莎从来没能成为像阳光一般的人，但是西姆兰不再害怕和她相处了。她说她不仅从同事那里，而且从生活中的其他人身上学到了很多处理消极情绪的方法。她说："我觉得自己现在更能做到置身事外，不会被拖下水了。"

要：

- 鼓励他们去当"反对首席"，把它作为正式职责的一部分。

- 从他们的根本想法和假设入手，让他们对自己的观点进行阐述或提供更多信息。

- 要告诉他们你理解他们为什么会有这样的感觉，从而促使他们换个角度思考。

- 帮助他们理解这种悲观情绪何时有益，何时有害。

- 从整个团队出发来制定一些需要遵守的标准。比如，可以集体商定每个人在发言前都要问自己"这个评论会有帮助吗？"。

- 承认你自己也会有消极的感受或想法，然后证实他们的看法或你同意的部分观点。

- 多花时间和更加积极的同事相处，从而加强你抵御负面情绪冲击的能力。

不要：

- 试图用积极性淹没他们，这只会让他们更加固守自己的消极情绪。

- 把他们的观点贬低为无用或没有逻辑的。

- 忽视他们的抱怨或担忧，他们唱反调可能有合理的理由。

——————————————————————————

第五章

受害者

"为什么这种事总是发生在我身上？"

有一种悲观主义者很常见，也很恼人，足以单独作为一个原型：受害者。这种同事会觉得每个人都在为难他们。他们不为自己的行为负责，一有问题，他们就会很快指责别人。当你想要给他们提供建设性反馈时，他们就会回以"我真倒霉"或者一大堆借口。

和悲观主义者一样，受害者相信坏事即将发生，而且他们对此几乎无能为力，但他们还会相信并抱怨这些消极事件尤其会发生在他们身上。悲观主义者会坚称"天要塌下来了"，而受害者则说"天要塌下来落我头上了"。

以杰拉尔德为例。他被调去管理一家零售店，这家店落后于该公司在同一地区的其他商店。区域经理卡洛塔热衷于雇用杰拉尔德，因为他的简历和推荐信表明他曾成功地主导商店转型。卡洛塔想象着他会为这家摇摇欲坠的商店及其员工带来"新鲜活力"。但结果恰恰相反，卡洛塔告诉我："他更像是个扫兴的人。"

从一开始，杰拉尔德就拒绝了卡洛塔设定的目标，声称这些目标不现实，尽管这些目标是基于类似商店的业绩表现制定的。当卡洛塔来视察这家商店时，她发现员工的情绪因为杰拉尔德变得很低落。"他一走进房间，就像一片灰色的云飘来。"她说。当卡洛塔试图让他变得更加积极向上，或者接受商店转型带来的挑战时，杰拉尔德说他就是做不到别人要求他做的事情。"他从不主动承担，也不负责任。总有人或事可以让他责怪——员工啦、商店位置啦、天气啦，等等。"

杰拉尔德认为自己是各种情况的受害者，无力决定自己的命运。也许你曾经和拥有同样心态的人一起工作过。下面是该类型的人常见的一些行为：

- 为自己感到难过，并期望其他人也这样做（自怜派对啊，有人要来吗？）。
- 出问题的时候逃避责任，将责任归咎于他人或外部因素。
- 找各种他们不可能犯错的理由来拒绝建设性反馈。
- 用抱怨和"我真倒霉"的态度拖别人下水。
- 沉浸在消极情绪中。
- 预告失败，特别是自己的失败。

是否有可能帮助像杰拉尔德这样的同事改变他们的心态呢？有没有办法让他们更加负责任？跟一个总觉得自己被别人盯上的人共事，如何处理其带来的情绪负担呢？

在本章中，我将谈论这种特定类型的悲观主义者，是什么刺激了他们，以及如何应对他们。由于与扮演受害者的人相处的许多策略同与悲观主义者的相处策略类似，因此本章比其他章节要短。建议两章都要阅读，以便达到最佳效果。

首先让我们看一下为什么拥有受害者心理的人会这样做。

受害者行为的背景

认为自己是受害者的人与悲观主义者有几个相同的关键特征。他们有着同样的消极"观念"（"有坏事要发生"），而且都缺乏"能动性"（"我无法改变这一点"），但和悲观主义者不同的是，他们认为别人或环境是导致失望或痛苦结果的罪魁祸首。从上面列出的常见行为可以看出，受害者的核心理念和态度与悲观主义者有着不同的表现形式。受害者没有总在指出风险，却经常因为该怪谁的问题而困扰——反正怪不到他们头上。

以色列的一个学术团队创造了一个术语来阐明这一特征：人际关系受害者倾向（tendency for interpersonal victimhood，TIV）。研究人员将 TIV 定义为"持续的认为自己是受害者的感觉"，它不仅存在于某一种情况或关系中，而且存在于不同类型的关系中。许多人在遇到不愉快的时刻，比如在杂货店被插队或在会议中被打断时，会选择置之不理或直接面对。而患有 TIV 的人会将这些事件视为自己是受害者的证据，证明他们特别容易遭受厄运和痛苦。

还有专家会使用"受害者综合征"（victim syndrome）一词。欧洲工商管理学院（INSEAD）领导力发展和组织变革教授、精神分析师曼弗雷德·F. R. 凯茨·德·弗里斯（Manfred F. R. Kets de Vries）编制了一份清单，帮助人们识别自己是否在和患有受害者综合征的人打交道，见表 5-1。

表 5-1　受害者综合征检查表

自查：你是否在和患有受害者综合征的人打交道？

- 每次谈话是否最终都以对方的问题为中心？
- 对方是否常常打出"可怜的我"这张牌？
- 对方是否进行消极的自我对话？
- 对方是否总往最坏的方面想？
- 对方是否常常表现得像个苦难者一样？
- 对方是否觉得全世界都在为难他？
- 对方是否认为其他人的生活更轻松？
- 对方是否只关注消极事件和令人失望的事？
- 对方是否从不为自己的消极行为负责？
- 对方是否常常让其他人替自己承担责任？
- 对方似乎沉迷于痛苦、混乱和闹剧？
- 对方的痛苦是否具有传染性，影响他人的情绪状态？
- 指责他人似乎能改善对方的心态？

资料来源: Adapted from Manfred F. R. Kets de Vries, "Are You a Victim of the Victim Syndrome？", Organizational Dynamics 43, no. 2（July 2012）.

评估这些问题可以帮助你确定同事的哪些行为特别有问题。然后，你可以根据你想要解决的问题来调整方法。

请记住，受害者的习惯往往根植于真正的痛苦。有些人会形成受害者心理，作为对创伤、操控、背叛或忽视的反应。它可能会产生严重的后果，如孤独、抑郁和孤立感。

尽管如此，许多这种类型的人仍然会维持这种态度，因为它能为他们带来一定好处。发出痛苦的信号是获得关注或同情的有效方式。它还能为寻求报复提供正当性。正如弗里斯所指出的那样："被关注和认可是件好事；别人关注我们会让我们感觉良好；我们的依赖需求得到满足也会让人愉快。"

然而，当你感觉自己像个受害者或者与这样的人共事时，代价就会大于收益。

与受害者共事的代价

悲观主义和受害者心理的区别之一就是前者有其积极的一面，而后者则不然。悲观主义者的观点有助于识别潜在风险或指出他人没有注意到的隐患，而受害者的态度通常只会让他们的同事恼火和疏远。

与怀有受害者心理的人共事，其主要成本就是情绪感染。卡洛塔觉得杰拉尔德的存在就像一片"灰色的云"，这种感受很常见。受害者坚持认为情况糟糕且无法改变，这种想法会传染，你可能因此也开始怀疑有人与你对立，或者客观环境不利于你。卡洛塔告诉我，杰拉尔德的怀疑让她把注意力都集中在商店无法取得成功的原因上，而没有去考虑可以让商店翻盘的举措。

与逃避责任的人一起工作也很令人恼火。你可能会因为对方持续的消极情绪而感到疲惫不堪，也可能因为试图抵消其对团队士气的影响而精疲力竭。如果你不得不承担受害者的工作，或者因为不停地安抚他们而背负情绪负担，那么很有可能你也会生出怨恨来。

要想改善这种工作关系，可以先问自己几个问题。

问自己几个问题

对于这种"我真倒霉"的想法，要想做出深思熟虑的回应，首先应该考虑以下这些问题。

他们是否真的是受害者？他们是否受到了同事、高层领导、客户或其他人的针对？

仔细想想你同事的抱怨。他们说自己受到了苛待，会不会可能是真的？对职场排挤或欺凌感到不安是情有可原的，而没来由地觉得世界都在针对你，这两者是有区别的。许多人在工作中都经历过性别歧视、种族歧视、年龄歧视和其他不当行为，因为这些而抱怨受到不公正待遇合情合理。有时，"他总是扮演受害者"这样的陈述会被用来掩饰他人的恶劣行径，甚至是为了对那些遭受欺凌的员工实施精神操控。这就是为什么我们必须认真考虑别人的抱怨，尽自己的一份力量去制止或纠正微歧视[①]（microaggression）、性骚扰及其他任何形式的歧视和不公正行为。

---

① 微歧视：不易被人察觉的细微的歧视行为。微歧视不同于普通歧视，表面上并未有露骨的攻击意味，多表现在日常语言、肢体语言，或者其他环境中对特定对象（如少数族裔、有色人种、残疾人、女性）进行有意或者无意的轻视、怠慢、诋毁和侮辱等。——译者注

（第九章中有更多关于如何有效应对微歧视的内容。）

　　如果你的同事声称自己受到了虐待，那么你要注意别急于全盘否定对方，要仔细观察到底发生了什么。为了查明事实，请密切关注会议中的动态变化，或者与你信任的对该同事的经历更加了解的同事交谈，比如和那位受害者长期合作的人或是他的朋友。如果你确实发现他的主张是合理正当的，或者即使你怀疑如此，你也要想想自己可以做些什么来帮助他，比如把他介绍给公司内部可以做主的人。

是什么引发了同事的受害者心态？

　　像杰拉尔德这样的人几乎总是觉得自己是受害者，而有些人只有在特定情况下才会产生这种心态。你的同事是否在收到严厉反馈时才扮演受害者？或者在他们必须为一些重要后果负全责的时候（也许是因为他们在压力下屈服）？是否存在某个特定的人似乎总能激发出他们最糟糕的一面？

　　观察他们的行为能让你知道该采用哪种策略。

可以尝试的策略

　　很多用于悲观主义者的策略也能帮助受害者，如保持团队积极性以抵消他们的抑郁消沉情绪，以及对他们所谓的"我永远也得不到我想要的"这种抱怨进行反叙事。（请参阅第四章了解更多信息。）还有其他针对这种类型的策略，比如提供不同的视角，提醒受害者其实他们可以控制某些结果的产生。下面让我们详细了解一下。

提供认可

通常，受害者希望被别人看到或听到，而他们认为抱怨是获得认可的唯一途径。你可以给你的同事提供一些正强化①（positive reinforcement），对其为团队带来的价值公开表示赞赏。当然，不要让他们觉得只有在抱怨的时候才会得到赞美，要把你的赞美留到他们不抱怨的时候。

我女儿从她的一个朋友那儿学到了这一课，这个朋友表现得像个受害者，有一次他跟她说："我觉得没有人喜欢我。"为了让他感觉好一点，我女儿开始列举同学们欣赏他的所有方面：他的讽刺幽默，他勇于反对一个不公正的老师，等等。这样的谈话似乎使他高兴起来。但他不停地回来找我女儿，重复表示他认为人们不喜欢他。她会再次列出他的优点，每次都会说一些新的，可是这种交谈让她筋疲力尽，最终她开始讨厌他了。因此，她改变了策略，在他跑来寻求认可之前就想办法称赞他，从而打破了之前的循环。总的来说，他似乎不再那么需要情感支持了，而我女儿也不必经常卷入这样的谈话，满足他获得奉承的期待。

对待同事，要认可他们的成就，即使是很小的成就，或者告诉他们你最欣赏他们的地方。唯一的法则就是你所说的一切必须都是真实的。虚假的赞美是行不通的。

帮助他们增强能动性

如果对方说"这不是我能控制的"，而你说"不，你能！"，

---

① 正强化：又称积极强化，是指任何导致我们以后进行该行为的可能性增加的结果，即用某种有吸引力的结果对某一行为进行奖励和肯定，以期在类似条件下重复出现这一行为。——译者注

那么很快谈话就会不了了之。相反，你可以说"我明白了。当我感到无能为力时，我也应付不来"。然后，你可以问对方如果他有权力或能力采取行动，他会怎么做，并且引导其思考如何贯彻这些想法。例如，你可以说："我明白你觉得领导团队不愿意投入你所需的资源来促使这个项目获得成功。这挺让人失望的。如果让你做决定的话，你会采取什么不同的措施呢？"你甚至可以主动帮助他列出能够执行的措施。如果你的同事无法摆脱现有的思维方式，那么可以尝试换个问题，比如"在这种情况下，如果别人能够得到他们想要的资源，他们会怎么做？"。从他人的角度来看问题，或许能让这位同事更有效地进行头脑风暴。

阿纳特的同事希拉经常抱怨他们共同的老板诺尼把她排除在重要会议之外。起初，阿纳特告诉希拉他确信这只是一个疏忽，她用不着觉得这是在针对她。但这些安抚希拉的努力只会让她更加笃信自己被故意针对了。因此，他尝试了另一种方法，他让希拉列出自己应该参加这些会议的所有理由。希拉早就把这些理由想得清清楚楚，对此阿纳特回答说："这些都很有道理。你有没有试着向诺尼解释这些？"希拉说她解释过，阿纳特回道："你再试一次呢？"阿纳特没想到希拉真的接受了他的建议，她后来在与诺尼的单独谈话中提到了她应该被邀请参会的原因。诺尼之前根本没有意识到希拉想参加会议，所以现在自然很高兴让她参会。

鼓励他们承担责任

受害者喜欢逃避责任。似乎没有什么是他们的错，也没有什么是在他们的控制之下。当他们想要推卸责任的时候，你可以尝试直接回应:"我认为这是你的责任,我们可以聊聊为什么你不这么认为。"当你清楚地阐述问题时,他们可能很难推卸责任。或者尝试一种更温和的方式,比如主动分担责任(前提是,这是合理的),看看这样是否能够稍稍缓和他们的防御心理。你可以这么说:"整个团队,包括你和我,都要为这个项目的成功负责。如果项目失败了,不会因此责备某一个人,但我们所有人都要为项目推进负起责任。"减轻他们对受到指责的恐惧或许能让他们主动承担责任。

卡洛塔就是这么对杰拉尔德的。过了 90 天试用期后,卡洛塔诚实地告诉杰拉尔德,她担心他可能不会成功。不出所料,他开始百般辩解。卡洛塔不想就这样放弃杰拉尔德,于是她尝试更加明确地告诉他自己想看到的变化。她向杰拉尔德解释说,员工都在向他寻求鼓舞和动力,而他的抱怨只会产生连锁反应。她还要求他表现得更具建设性。她说:"我不想彻底阻止他的抱怨,因为他有一些不满意的地方是合理的,但我要求无论他将来什么时候向我提出问题,都必须至少提出一个潜在的解决方案。"当杰拉尔德第一次这样做时,卡洛塔笑了,因为他在建议完解决方案以后立刻跟了一句"我不确定这是否可行"。不过随着时间的推移,他慢慢就不再做这样的事先声明了。

将他们的注意力转向帮助他人

这似乎有违直觉,但当受害者(其他任何人都是这样)觉得自己陷入困境无法自救时,有时你可以通过鼓励他们帮助别人,来让他们走出这种困境。许多研究表明,无论是以时间、金钱还是支持的形式帮助他人,都能提高我们自己的幸福感。对于具有受害者心理的同事，可以建议他们指导同事，让他们为其他团队提供专业知识，甚至在工作之外当志愿者，这些都能防止他们沉溺其中，并给予他们更多的能动性。

保护自己

团队中如果有一个人觉得世界在针对他，那么整个团队都有可能转变为这样的观点。我见过有公司发生这样的事：整个部门的人都开始表现得好像公司里没有人能明白或理解他所做的事，像这种部门的领导往往是具有受害者心理的人。这种情况就会变成一个自证预言①（self-fulfilling prophecy），因为部门里的人表现得越是戒备，其看起来就越不可信，这会导致其他同事开始怀疑其能力，甚至完全避免与其合作。这些又进一步成为与受害者划定并保持界限的理由，如果对方是你的领导，你就更容易这么做，因为你肯定不希望他的偏执、指责或不负责任损害到你自己团队的声誉。

保护自己免受情绪感染的一种方法就是在他们开始抱怨时直接换个话题。如果他们没有领会你的暗示，那你可以找借口重新开始忙碌自己的工作。（第十二章中有更多关于保护自己的内容，让你免受任何类型同事带来的负面影响。）

• • •

① 自证预言：又称自我应验的预言、自我实现的预言，指的是人会在下意识的情况下按照已知的预言来行事，最终产生预言所述的结果。——译者注

卡洛塔承认她改变不了杰拉尔德的性格。"我认为他不是一个特别快乐的人,"她说,"但是我主动和他一起承担得越多,他就越不会表现得像个受害者。"也就是说,卡洛塔必须向他强调一个事实:如果商店没能实现目标,杰拉尔德不会是唯一一个担责的人。当她这样做时,杰拉尔德便不再指责他人,抱怨也更少了,而且开始主动尝试解决自己的问题。

这些变化对每个人都有好处:杰拉尔德能够继续留在店里,他也帮助整个团队扭转了业绩不佳的局面。抑制一个人将自己视为命运受害者的倾向是困难的,但是卡洛塔与杰拉尔德的经历表明,时间、精力和战略方法可以帮助一个长期饱受折磨的同事成为团队中更加富有成效的成员。

词|句|借|鉴

下面提供的这些词句可以帮助你将本章中的策略付诸实践。

提供认可

"得不到你想要的东西,这种感觉真糟糕。"

"听起来这种情况仍然困扰着你。我很抱歉。"

促使他们寻求解决方案

"你有没有考虑过和你的老板谈谈这件事?"

"那太糟糕了。你觉得你还能做些什么吗?你从中学到了什么?"

"看得出来现在这个情况对你来说不是很有利。你想不想讨论一下我们今后还能做些什么？"

"你希望看到现在发生什么？"

"有时候我们的控制力比我们想的要强。下一步你能怎么做？看看情况能不能有所改变。"

重新构述他们的评论

"听起来很多事情都没有像你所希望的那样发展。那目前为止有哪些进展呢？"

"责怪别人很容易让你感觉自己像个受害者，这对你没有帮助。看待这种情况还有什么别的方式吗？"

改变方向

"我希望你别介意我换个话题，你看过（电视节目或电影名称）吗？"

"我正在赶截止期限，所以我得回去工作了。但是我会为你祈祷一切顺利的。"

策│略│集│合

针对受害者

要：

- 提供正强化，并对同事为团队带来的价值公开表示赞赏。

- 问他们如果他们有权力或能力采取行动，他们会怎么做，并帮助他们思考如何贯彻他们的想法。

- 主动帮助他们列出可以实现目标的措施。

- 采取直接的方式，像这样说："我认为这是你的责任，我们来聊聊为什么你不这么认为。"

- 增强他们的能动性，包括鼓励他们指导同事，让他们为其他团队提供专业知识，甚至在工作之外当志愿者。

不要：

- 只在他们抱怨的时候给予他们认可（这样做是在鼓励他们抱怨）。

- 忍受他们的抱怨——为自己找个借口离开或者换个更中性的话题是完全可以的。

06

第六章

被动攻击型同事

"好吧，随便吧"

　　马利克的新同事苏珊就是个噩梦。他们的老板让马利克告诉苏珊如何完成几份最终由她负责的报告。可是当他们坐下来展开时，她就表现得好像自己已经知道怎么做了，因为她在以前的工作中做过类似的事情。"这是不可能的，因为那些是我们公司所特有的，可是当我指出这一点时，她告诉我不要这么激动，"他与我分享道，"这是出现问题的第一个迹象。"

　　几周后，马利克的老板问他为什么还没有培训苏珊做报告。马利克不想去辩解，所以他又去找苏珊，提出要帮她再过一遍这些步骤。她回答说"已在掌控之中"，然后问他为什么这么苦恼。

他告诉她因为老板认为他没有完成该做的工作，这时苏珊却说她不知道他在说什么。

马利克感到绝望，他试着直截了当地说："一切都很好是吗？确定没问题了？"苏珊笑着回答："当然，一切都很好！"

马利克面对的是一个被动攻击型同事：一个表面上配合他人的愿望和需求，之后却被动抗拒履行的人。有时，这种破坏者最终会完成任务，但可能为时已晚，或者无法达到既定目标。

当马利克第一次告诉我这个故事时，我想起了我小时候使用的一种策略。当妈妈让我洗碗时，我不会告诉她我不想洗（讲真，我也没法这么做），我会做得很糟糕，借此希望我不会再被指派做家务。

被动攻击在工作中有很多表现方式。你的问题同事是否表现出以下任意迹象？

- 答应遵守期限之后又故意忽略截止日期。
- 承诺发送邮件，却永远都收不到。
- 对你无礼（比如，在会议上无视你或打断你），然后当你跟他们对质时，却又否认有问题，声称"都是你胡思乱想"或"我完全不知道你在说什么"。
- 用肢体语言表达愤怒或不高兴，但嘴上坚称自己很好。
- 暗示他们对你的工作不满意，但拒绝站出来告诉你，或直接给你反馈。
- 将侮辱伪装成恭维。例如，跟你说"你真是休闲范儿十足啊！"，其实可能想说"我觉得你很懒"。
- 在争论过程中歪曲你的话，让人觉得你是那个错的人。

苏珊是说了一切都好，但马利克能感觉出来有些地方不对劲。毕竟，她还是不知道怎么做报告，所以马利克不得不替她做。他很懊恼，不想让老板觉得他没有能力委派工作，或者更糟糕的是，觉得他在故意阻碍苏珊获得成功。他不知所措，他该怎么办？

第一步是要更深入地理解人们诉诸被动攻击的初始原因。

被动攻击行为的背景

"被动攻击"一词起源于20世纪40年代的美国军方，用于描述不服从上级命令的士兵。不久之后，它成为一种正式的诊断名称，叫作"被动攻击型人格障碍"（passive-aggressive personality disorder），但最终于20世纪90年代从美国精神病学会的诊断手册中移除。其相关行为有时会被视为其他精神障碍的症状，如自恋，但其本身不会被视为一种单独的疾病。

弗吉尼亚大学教授加布里埃尔·亚当斯（Gabrielle Adams）曾对工作中的人际冲突进行过几次研究，她将"被动攻击"定义为：不坦诚自己的真实想法，使用间接方法来表达自己的想法和感受。当人们想要避免对他人说"不"或诚实地说出自己的真实感受，或者试图用不明显的方式操纵局势，使其对自己有利的时候，他们通常会使用前面列出的那些方法。

就拿我前几天发给我丈夫的短信来说吧：没事。如果你想这么做的话。

我想让他下班后直接回家，帮忙遛狗，准备晚餐，监督孩子写家庭作业，可他想先去办点事。他做什么其实并不重要。他最终会回家，我也没有真的需要他帮忙。我已经自己处理这些事情无数次了。

那我为什么要发这条短信？因为这是最后的努力，我想让他感到内疚，好操纵他做我想让他做的事。这完全就是被动攻击。

人们很少会有意识地采取被动攻击行为。相反，这是一种反应，其动因往往是对失败或拒绝的恐惧或者想要避免冲突或表达无力感。

对失败或拒绝的恐惧

你的被动攻击型同事既不是想找麻烦，也不是在表达真实想法，他们可能只是害怕看起来不知道自己在做什么，或者被你拒绝。马利克的同事苏珊显然是想要表现得像一个知道如何完成报告的人（尽管她不可能会知道）。

一个被动攻击型同事宁可把问题推给你，也不会承认自己可能做不到你要求的事。面对这种行为可能会让人感到迷惑，正如马利克所感觉到的那样，这看起来像是他们故意让你难堪或行事虚伪，而事实上他们这样做往往是为了不让自己难堪。哥伦比亚大学教授 E. 托里·希金斯告诉《纽约时报》："一些被贬低为消极攻击类型的人实际上是在极其小心地不让自己犯错误，这个策略对他们来说很成功。"他说："当他们的谨慎本能被他们认为不合理的要求压倒时，他们就会变得很难应付。"他们会把自己隐藏起来，并对提出要求的人感到不满。

我发现当我被别人铺天盖地的请求吞没时，我也会做出这种反应。我不会承认自己不高兴或无法帮忙，而是暗示他们连问都不该问。

一些研究表明，某些类型的管理者，尤其是那些具有严格标准的管理者，特别擅长激发人们的被动攻击反应。例如，我的一位教练客户 [①] 曾为一位专制的老板工作，他希望每个人都以同样的方式对待工作，并且不原谅错误。结果，当项目没有按预期进行时，我的客户和他的同事就会找借口，还会责怪别人。我的客户陷入了这样一种模式，即用挖苦向同事表达自己的沮丧，这反而为他招来了被动攻击的名声，而他真正想要的只是在出现问题时不用承担所有责任而已。

避免冲突

这一类型的人通常都会回避冲突。他们不会直截了当地表达自己的想法和感受，而是依靠更加含蓄的方法来表达自己的想法或不同意见。这可能是因为以前在职场中的负面经历告诉他们，公开反对是不安全的。

组织文化可能也是一个因素。在许多职场中，直接公开表达反对意见并非常态，因此一些人就学会了用被动攻击的方式来满足自己的工作需求。研究表明，当一个团队的目标不明确或者管理者没有明确说明个人绩效的评估指标时，员工就会呈现被动攻击的姿态，以此来弄清楚公司当前的情况，或者应对自己在公司的发展前景的不确定性。

同样地，发生裁员、合并或重组等重大组织变革时，如果人们觉得自己容易受到影响的话，这些也会导致被动攻击。如果员

---

① 教练客户：国际教练联合会（ICF）将"教练"定义为是客户的长期伙伴，通过创造性地引发客户深度思考的教练过程，激励客户最大化地提升自我认知与发展职业潜能。作为一种专门职业，教练像一面镜子，让客户看见自己，激发客户自己找到解决方案，帮助客户提高自我认知、找到前进方向。——译者注

工感觉被公司抛弃，或者升职加薪未被考虑，或者被剥夺了他们认为属于自己的东西，比如一项重要任务，这种情况就会更加容易出现。这种违反雇主和员工之间心理契约①的行为令人沮丧，这是可以理解的，但有些人不会直接说出自己的不满，而是以被动攻击的方式进行报复。

我自己也有过这样的经历：当时我对一位领导很恼火，因为他迟迟不肯提拔我，于是我开始早早下班，声称我有"私人约会"。最后，他问我早下班的原因，我承认了自己心有懊恼。他解释说，我的晋升正在进行中，但这需要时间。我现在仿佛还能听见他的声音："请耐心点。"

表达无力感

传统上在组织中影响力较小的人可能会采用被动攻击的策略来施加影响，因为其他更加直接的方法可能会给他们的职业生涯或声誉带来危险。例如，许多文化中的女性在社会的影响下无法说出自己的想法。因此，在这些情况下，被动攻击便成了一种更能被社会接受的表达观点的方式。这种"两难境地"——要么被视为有能力但不讨人喜欢，要么讨人喜欢但不具备领导才能——也可能迫使女性选择被动攻击这种唯一能让她们的需求或愿望为人所知的方式，因为直接或自信的表达不符合性别规范。这并不是说只有女性才会表现出被动攻击性。我相信你们知道，所有性别的人都会使用这样的策略。我提出这点只是想要说明，为什么那些无法拥有合理权力的人会被迫采取这些行为。

_____

① 心理契约：指的是雇主和员工之间未成文的相互期待和预期，是员工以自己与组织的关系为前提，以承诺和感知为基础，自己和组织间彼此形成的责任和义务的各种信念。——译者注

表 6-1 总结了被动攻击行为的一些常见根源。

表 6-1　被动攻击行为的常见根源

害怕……	渴望……
失败	完美
拒绝	被喜欢
冲突	和谐
无能为力或缺乏影响力	施加控制

与被动攻击型同事共事的代价

无论他们行为背后的原因是什么，与被动攻击型同事打交道都不会很轻松。你会经常问自己："这些攻击是我想象出来的吗？我是不是想多了？"你不知道是否还能相信你的同事。所有关于这些相处的担忧和反思都会挫伤你的士气，甚至会让你精疲力竭。

研究表明，相关代价不只是对你，还会对组织及其最终盈亏产生影响。当团队中有一个人（或几个人）表现出被动攻击行为时，团队就更有可能出现决策速度下降、沟通效率低下的情况，还会陷入有害冲突。

一项研究表明，拥有被动攻击文化的组织，其利润大约只有同类组织的一半。研究报告的作者这样描述这一类公司："在被动攻击型组织中，人们对待指令都是口头上支持，只会付出足够的努力以表现出顺从。员工可以随便做他们认为合适的事情，因为几乎不会有什么不好的后果，而指令本身往往受到了误导，因此似乎本来就应该被蔑视。"

怎么做才能避免你和组织付出这些代价，让你和被动攻击型同事建立更好的关系呢？不管应对哪种麻烦的同事，第一步都是进行一些反思。

问自己几个问题

针对你和被动攻击型同事之间的关系，请问自己以下几个问题。

这种行为是针对你，还是有其他原因？

你同事的行为可能与你无关。看看表 6-1 给出的常见根源。你的同事是不是缺乏安全感？或者害怕犯错误？是不是担心自己的名声和事业？还是公司文化助长了被动攻击行为？也许上一次他们提出了一个问题或直接反驳了，结果另一位同事对他们大发雷霆。你团队的心理安全水平是多少？每个人都觉得可以畅所欲言，还是会因为表达不同意见而受到惩罚？

你的同事是否有意伤害你？

诚实地告诉自己，你的同事是否真的想要为难你。加布里埃尔·亚当斯将普通的被动攻击与"故意撒谎掩盖某人意图"区分开来。我们经常会把消极的意图强加给别人，其实这些根本不存在。所以会不会是他们处于苦苦挣扎之下，而把焦虑发泄在了你身上？

当然，人们的目标并不总是明确的。当你的同事在一个合作项目中没有尽到自己的责任，或者对你冷嘲热讽时，他们可能是想掩盖自己的缺点，或者他们可能是想让你出丑，这样他们就有更好的机会被分配到领导重视的项目中。在解读他们的行为时要宽容，但是也要实事求是。

你过去和被动攻击型同事的相处经历是否对你现在产生影响？

如果一个人曾经表现出被动攻击行为，那么确认偏误 ①（confir-mation bias）心理会让我们以同样的眼光看待他们的所有行为。问问自己是否戴着有色眼镜看待同事的行为，认为他们是在重复过去的错误。提高客观性的一种方法就是，想一想某个与你相处很好的同事，然后问自己："如果同样的行为发生在他身上我会如何看待？"

对方什么时候会表现出被动攻击性？

有时人们只会在特定情况下表现出这种行为，比如当他们压力很大时，当他们与特定同事共事时，或者当他们觉得自己的权威、工作保障或价值观受到威胁时。注意你的同事什么时候表现出了被动攻击性。是在特定会议上吗？或者某个人在场的时候？跟他们面对面交流是否比邮件交流要更适合（或者恰恰相反）？

反思这些问题能够帮助你更好地理解你的同事，最重要的是，可以告诉你选择哪种策略。

---

① 确认偏误：或称确认偏差、证实偏差、验证偏误、验证性偏见、我方偏见，是个人选择性地回忆、搜集有利细节，忽略不利或矛盾的信息，来支持自己已有的想法或假设的趋势，属于认知偏误和归纳推理中的一个系统性错误。——译者注

可以尝试的策略

虽然没有一个通用的方法可以应对被动攻击型同事，但是以下策略能够提高你们友好相处的概率。请使用你认为对你自己的情况最有帮助的方法。尝试一种（或两种）方式，看看结果，然后做相应调整。

避免给人贴"被动攻击"的标签

人们很容易就会直接指出这种行为。但是一句"不要再这么被动攻击"只会让事情变得更糟。为什么？因为这句话是在指责对方，而很少有人愿意承认他们就是这么做的。如果你的同事真的回答"对，你说得对，我会停止的"，那我反而会感到震惊。更加现实的结果是，他们会因为这句话而愈加愤怒，防御性也会提升。不要把他们可能没有意识到或不愿意承认的情绪强加给他们。美国密歇根大学罗斯商学院教授林德雷德·格里尔说，给人们的情绪贴标签可能会适得其反。正如她告诉我的，"你选对情绪的概率很小，很有可能就会贴错标签"，而这会让他们更加懊恼。告诉同事你对他们"看起来生气"或"看起来沮丧"有意见，这并不能缓和紧张氛围。那你应该怎么做呢？

关注内容，而非表达方式

尝试理解你的同事真正想说的内容。他们想要传达的真正想法是什么（即使呈现出来的一句尖刻的言论）？他们是否认为你管理项目的方式不起作用？或者他们对团队的目标有异议？

记住，不是每个人都愿意公开讨论自己的想法和观点。如果你能关注同事潜在的担忧或问题，而不是他们表达自己的方式，你就能解决实际问题。

了解了同事的想法以后，你就可以直接表达了。你可以这样说："前几天的交流中你提出了一个很好的观点。我听到你说的是这些……"理想情况下，原本不肯直言的同事会因此更加坦率地说出自己的担忧（下一节将提供更多有关如何做到这一点的建议）。

米娜就是这样对待她的同事维克多的，维克多似乎总是在他们合作的时候故意搞破坏。米娜是一名领导力培训师，她很重视维克多的专业知识，于是经常邀请他来当联合培训人，他似乎也很乐意这样做。可在培训过程中，维克多有时会抢她的风头，他会突然插入很多关键知识点，而两人先前就说好这些由米娜来跟学员分享。米娜试图直接找维克多解决这个问题，但是没有成功——他就是否认自己做错了。米娜想知道维克多破坏行为背后的动机，这时她开始怀疑维克多不喜欢由她来当培训的题材专家。

基于这种直觉，米娜尝试了一种不同的策略，她在课程规划会议中请求维克多发挥他的专业特长。她会这样说："我知道你在这方面有很多经验，希望你有机会分享你知道的东西。"这种策略起作用了——米娜让维克多也成为众人瞩目的焦点以后，他们的联合培训进行得顺利多了。她承认她真正想要的是维克多的道歉，但最终，维克多不再继续搞破坏对她来说就已经足够了。

不要认为像米娜这样体恤对方感受的方法会帮助同事为自己的不良行为开脱，而是要将其视为一种鼓励他们的方式，使他们更具价值感，进而使互动变得更加富有成效，也让你得偿所愿。

展开对话

当然，你可能无法完全理解你的同事真正想要的是什么。如果他们在你请求帮助完成某个项目时表现得很乐意，可后来却从不出席会议或回复邮件，那么你可能会难以理解为什么你会受到如此冷遇。不如花点时间思考一下可能的解释。在谈判中，这被称为评估对方的兴趣。他们关心的是什么？他们想要实现什么？

然后实行加布里埃尔·亚当斯所说的"假设检验"：礼貌而又不加任何预判地询问对方发生了什么事。例如，你可以说："我注意到你一直没有回复我的邮件。出了什么问题吗？我没有要打听的意思，只是想确保一切都好。"

社会心理学家海蒂·格兰特表示，这样做是有益的，即"创造一个安全的环境，让对方能开口和你谈论他们的困扰。你要对这种直接对话表现出热烈欢迎的姿态，这样他们就会觉得没有被动攻击的必要"。她建议，无论听取对方的观点对你来说可能有多难受，你都要明确表示对他们的观点感兴趣。

这样展开对话的好处在于，对方能够自主定义自己的行为和情绪。如果你的同事能够承认自己的真实感受（尽管这点无法保证），那么他就离打破被动攻击回应的习惯又近了一步。

不要在邮件或短信中被激怒

值得注意的是，电子邮件和聊天平台对于任何艰难的对话都是一种糟糕的媒介，尤其是与被动攻击型同事的对话。如果你的同事以书面形式进行攻击，那么你要回应得专业而简短。例如，如果你的同事写道"不确定你是不是真的看了我的上一封邮件"，那你可以简单地回答"感谢提醒"。如果他们写道"正如我们之前讨论的那样",然后把你们都知道的对话又重新概述了一遍,那么你可以回复"感谢重述"。你希望同事能表现出尊重和坦率,你可以先以身示范。不要轻易上火。如果实在无法避免冲突,那么请打电话,或者安排视频通话或者面对面会议。这将迫使你的同事与你进行更直接的交谈。

提出直接请求

你可以再直接一点。正如我前面提到的,指责你的同事被动攻击是不可能奏效的,但你可以提醒他们注意当下的情况。要想使用这种策略,最好就事论事:只说你确定的事情,不要带有任何情绪、评判或夸张。你可以这样开始:"你说你想帮我完成这个项目,但到目前为止,你还没有参加过我们举行的三次会议。我上周给你发的关于下一步打算的邮件,你也没有回复。"然后解释这些行为对你的影响:"我很失望,压力也很大,因为我没办法自己完成所有工作,我本来是希望得到你的帮助的。"最后,也是最棘手的部分,直接提出请求:"如果你仍然有兴趣帮忙,当然我也希望这样,那么我希望你能参加会议。如果你没办法帮忙,请现在告诉我,因为这样我才能考虑其他解决方案。"

请记住,被动攻击型的人可能会转移责任("我以为我出不出席都可以呢!""我是说我可能会帮忙,又没有说我一定会帮忙!"),所以如果你被对方反击了,不要感到惊讶。他们甚至可能会试图歪曲你的话或断章取义:"我之前听你说过你不想有额外的人参加会议。"在这种情况下,请冷静地回应,不要带着怒气:

"我的意思是……"，你甚至可以加上一句"很抱歉，如果我没说清楚的话……"或"我们一定是沟通失误了"。不要陷入谁对谁错的拉锯战中。记住，你只能控制你自己的反应，不能确保对方给出有效回应。然而，通过礼貌地承认同事的行为，你其实是在告诉对方你已经注意到了他的消极攻击，而且你是一个直言不讳的人，你不打算让他就此得逞。

获得团队的帮助

只有两个人的情况下，你们会更加容易陷入无休止的"你疯了"和"不，我没疯"这样的争论中。因此，可以寻求队友的帮助。你不需要联合起来对付任何人，但你也不必独自应对这种情况。

首先问问其他人有没有注意到类似行为。记住你向别人询问的初衷是为了建设性地改善关系，这样才不会让人觉得你是在说同事的闲话或坏话。或许你可以这样问："我想知道你是如何看待肖恩的言论的。你的理解是什么呢？"

如果你的队友证实了确实存在反生产行为①（counterproductive behavior），那么你们可以一起决定如何应对。例如，就团队中的每个人如何互动制定指导方针，这可能会有效果。你们可以集体决定，在讨论下一步方案时，每个人都要口头承诺他们负责的事，而不只是点点头或默认沉默即服从。你们还可以记下谁应该在什么时间之前做什么事（who do what by when，3W），这样就有了明确的行动项和截止日期，然后可以在事后分发给大家。

---

① 反生产行为：亦称反生产工作行为或反生产力行为，是指个体表现出的任何对组织或者组织利益相关者合法利益具有或者存在潜在危害的有意行为。——译者注

如果你的同事后来否认自己同意过某事或未能尽到自己的责任，那么团队可以出面让他们承担责任。即使是最严重的犯规者也可能屈服于同伴压力和公众问责。

以米奇为例，他在一所公立高中的学生指导办公室工作。他的同事艾丽西亚便让他倍感挣扎。他解释说："她会在会议上同意一个计划，但之后又会妨碍计划完成，因为她根本不去执行。"对此艾丽西亚会辩称"我记得不是这样的"或"我认为我们还没有完全敲定计划"。他试图与她讨论这些"误解"，但她总是对他不屑一顾。米奇说："她会说她很忙或没有时间说话。"

米奇向他和艾丽西亚的老板丽塔报告称，这种情况干扰了某个项目的顺利完成，这时丽塔说她也注意到了这种情况。于是他们一起制订了一个让艾丽西亚承担责任的计划。"按照计划，她会在每次会议上公开要求一名志愿者做记录，记录每项任务将由谁来负责以及何时完成。"米奇回忆道。而他就是第一位志愿者。

这种方法奏效了。米奇发送任务清单以后，艾丽西亚就找不到借口了。她要对参加会议的每个人负责。米奇也不介意做这份额外的工作："我付出的额外努力可比我之前对同事生气和收拾她没完成的工作所花的时间要少。这实际上帮助我们部门的每个人都提高了工作效率，我们早就应该这么做了。"

作为一个团队，建立良好的规范从长远来看是有好处的。各种研究发现，米奇使用的这种基于团队的方法可以从总体上减少无礼行为。你们可以一起约定更加坦率地表达自己的不满，然后共同建立人们希望的诚实、直接的工作互动方式。

词|句|借|鉴

下面提供了一些示例用语，可以帮助你开始思考如何与被动攻击型同事进行有效对话。

关注内容，而非表达方式

"我听到你说的是……"

"我对你刚才所说的理解是……，我理解得对吗？"

"我注意到你刚才把椅子往后一推（或流露出不屑的眼神）。你觉得这次讨论如何？"

"我听到你说……（快速总结），但我不确定你是不是有别的意思。有什么是我没理解的吗？"

获得团队的帮助

"我想知道你是如何看待雷切尔的言论的。你的理解是什么呢？"

"我们要确保每个人都清楚接下来要做的事。有没有人想要尝试概括一下各自的分工？我会记录下来，然后发给大家。"

直接面对

"前几天的交流中你提出了一个很好的观点。我听到你说的是这些……"

"我注意到你一直没有回复我的邮件。出了什么问题吗？我没有要打听的意思，只是想确保一切都好。"

引导被动攻击的人

"我担心你在会上没有提出这个问题。你是否希望小组能够重新讨论这个问题？"

"是否有什么新的信息需要我们重新考虑我们已经做出的决定？"

如果你是管理者，那么你有责任进行处理

如果你领导的团队中有一个或多个成员表现出被动攻击，那么别再耽搁了——这种行为会腐蚀大家的信任和心理安全。你有责任让他们明白这种不坦诚的行为是不能容忍的。首先要建立团队规范，比如前面提到的那些，而且要在团体会议、重要活动等各种场合中巩固这些规范，通过积极肯定的方式强化这些规范。这是为了让团队成员能够互相负责、互相尊重，不再对被动攻击等有害行为进行奖励。

你还需要让人们敢于持有不同意见，敢于讨论和表达他们的真实观点。不要让大家表现得好像观点一致，私底下却互相破坏或意见不合。《团队发展的五大障碍》（*The Five Dysfunctions of a Team*）一书的作者帕特里克·兰西奥尼（Patrick Lencioni）将这种现象称为"人为和谐"（artificial harmony），他认为这种和谐为被动攻击创造了温床。他写道："当团队成员不对重要观点进行公开讨论和表达分歧时，他们通常会诉诸私下的人身攻击，这比任何激烈争论都要恶劣和有害。有观念认为团队争论是在浪费时间和精力，其实恰恰相反，那些避免冲突的团队实际上注定要一次又一次地重新讨论问题，而且得不到解决方案。"

要关注直接解决冲突的好处，制定一些基本规则。你可以这样对团队说："我担心我们没有有效地利用会议来分享每个人的观点。"而且，要果断地直面反生产行为。例如，你可以说："每次会议之后都会有两三个人来我的办公室讨论一些本应在会议上提出的问题，这表明我们没有有效地合作，也没有很好地利用每个人的时间。"冷静而直接地强调被动攻击行为的存在，同时不点名指出任何人，这样可以使直率的沟通成为每个人都要遵守的标准。

* * *

还记得本章开头提到的马利克吗？他对同事苏珊尝试了很多策略。苏珊是一个被动攻击型同事，马利克本来要指导她如何做报告，但是苏珊不承认自己不会。刚开始，什么方法都没用，苏珊还是会继续撒谎。后来马利克从其他同事那儿找到了安慰。他说："幸运的是，我不是唯一一个被她糟糕对待的人。我们部门还有两个人也注意到了这种情况，所以我们能够互相同情。"这样的做法并不是徒劳无益的抱怨，而是他发泄情绪的途径。"我可以选择每天生着气工作，也可以选择对她的行为不予理睬。"他这样说道。

他决定专注于他所能控制的：他自己。当苏珊试图说自己已经知道怎么做时，马利克会点头，然后继续解释怎么做。不得不假装对方没在刁难，这确实让他很难受，但是把注意力放在需要完成的工作上以后，他在老板面前不再感到难堪了。而且时间久了以后，苏珊也越来越适应自己的角色，她的戒心也少了很多。

有时本章提供的策略真的会扭转局面，但有时不会完全扭转，就像马利克的情况一样。但是没有必要让一个难相处同事毁掉你的一天、一个星期，更加不能让其毁掉你的事业。关注工作中你喜欢的方面和喜欢合作的同事，这种乐观主义能够帮助你，特别是应对和你打太极的人。

策 | 略 | 集 | 合

针对被动攻击型同事

要：

- 试着去理解他们想要传达的潜在想法。
- 明确表示你对他们的观点感兴趣，即使他们认为你并不想听。
- 关注事实：你可以确定的事情，不带任何情绪、评判或夸张。
- 就团队或特定项目中的每个人如何互动制定指导方针。例如，在讨论下一步方案时，决定每个人都要口头承诺他们负责的事，而不只是点点头或默认沉默即服从。
- 团队共同约定对任何不满都要坦率表达，然后建立大家希望的诚实、直接的工作互动方式。

不要：

- 认为他们的行为是针对你，尽管你可能觉得自己是被攻击对象，但是他们很可能也会以类似的方式对待别人。
- 指责他们的被动攻击行为，这只会让情况变得更糟。
- 试图揣测他们的感受，给他们的情绪贴上错误标签会导致进一步的不信任。
- 被惹恼，然后愤怒地回应被动攻击性电子邮件或短信，要线下交流。

第七章

"万事通"

"其实呢……"

露西亚很怕和她的同事雷打交道。因为和雷开会，原定一小时的会议能延长到两个小时。一旦雷开始说话，他就会停不下来。露西亚告诉我说："他喜欢别人听他说话，所以他总是不停地说啊说，对任何愿意听的人说。"

当雷开始他的长篇大论时，露西亚和她的同事就会交换会意的眼神。如果有人想打断他，他就会提高嗓门盖过对方的声音。这些长篇大论背后隐含的信息是，他知道团队和公司需要什么，其他所有人都应该听他的。"毫无疑问，他是个聪明人，"露西亚说，"但他只会侃侃而谈自己知道的一切。他几乎把自己所有的工作都委托给了别人。"

在我们的职业生涯中，大多数人都曾与雷这样的同事打过交道。这种"万事通"坚信自己是房间里最聪明的人，他们会在会议中霸占发言时间，也不会因为打断别人而感到不安。他们会兴高采烈地告诉你什么是对的，即使他们明显是错的或者缺乏信息，或者没有理解情况的细微差别。

以下是办公室"万事通"的一些特征：

- 表现出一副"我说了算"的姿态。
- 垄断谈话，拒绝被打断，喜欢插话。
- 认为自己的想法独具优越性。
- 拒绝倾听或听从批评或反馈。
- 以居高临下的语气说话。
- 解释别人已经理解的东西。
- 很少提问或表现出好奇心。
- 窃取或不愿分享团队成功的功劳。
- 未经邀请擅入他人对话。

每次和雷说话，露西亚都觉得自己被困住了，她发现自己开始用撒谎来逃避与他一起开会。她也不喜欢使用这种方式，可是她不知道该如何应对他那居高临下的态度，也不知道如何避免每天浪费时间听他的自负发言。

露西亚应该指出雷的霸道风格吗？还是说她应该寻找更加委婉的方式来对付他？你会如何与这样一个自负的人共事呢？

要想和雷这样的人建立更好的工作关系，第一步就是要了解他们这么做的原因。

"万事通"行为的背景

当我们谈论那些"万事通"类型的同事时，我们经常会使用"极端利己主义者"或"自恋狂"等术语。但我们需要小心对待这些标签。自恋是一种精神障碍，其特征是寻求关注、强烈的自我重要感、缺乏同理心，而且有自我宣扬的倾向。你的同事可能会表现出这些特征中的一部分（或者全部），但不太可能会被诊断为自恋型人格障碍；病理性自恋是罕见的，比如只有 0.5% 的美国人患有这种疾病。和对待本书中的其他类型一样，你的努力最好用于有效应对同事的傲慢自大上，而不是诊断他们。

"万事通"（know-it-all）一词最早出现在 19 世纪晚期的英语中，不过我敢肯定"傲慢"一词存在的时间要比它长得多。不幸的是，"万事通"这种类型很可能一直存在，不仅存在于职场中，而且存在于社会上（瞧瞧美国政治），因为我们往往会奖励相关行为。如果经常上台掌权的人是那些谦逊而且愿意承认自己并非无所不知的人，那么我们当中或许就不会有那么多人在生活中遇到这种"万事通"的故事了。可是，我们喜欢自信，喜欢自己充满自信，也喜欢别人充满自信。

过度自信偏差 [1]

研究决策的科学家一致发现，我们倾向于认为自己比实际做得更好。学生会高估自己在考试中的表现。即将毕业的 MBA 学生会高估自己将要获得的工作机会数量以及起薪。失业者往往会高

---

① 过度自信偏差：英文为 overconfidence bias，过度自信是一种常见的认知偏差，是指人们过度相信自己的判断能力，高估了自己成功的概率和个人信息的准确性。——译者注

估找到工作的容易程度。研究还表明，过度自信具有传染力。如果你的团队中有人（无论是同事还是领导）自视过高，那么你也更有可能过度自信。

对于衡量我们是否过度自信，我最喜欢的方法之一就是：人们评价自己作为司机的水平。一项研究发现，74% 的持照驾驶人认为他们比平均水平要高——显然，这在统计上是不可能的。

只要有能力支持，自信就是一件好事，然而不幸的是，情况并非总是如此。

美国商业心理学教授托马斯·卡莫洛-普雷姆兹克（Tomas Chamorro-Premuzic）在过去十年中一直致力于揭示组织中的过度自信问题。2013 年，他写了一篇文章，名为《为什么这么多不称职的男性成为领导？》（*Why Do So Many Incompetent Men Become Leaders?*），这篇文章成为《哈佛商业评论》有史以来最受欢迎的文章之一。他在这篇文章以及另一本同名著作中解释称，当某些能力难以客观衡量时，比如"领导力"，我们会依据人们展现自己的方式来评估他们的表现。你不可能在领导力测试中得到一个公正的分数。因此，我们让人们告诉我们他们有多好，最终将"自信"和"能力"混为一谈，以至于我们倾向于相信自信本身就是一种让领导者变得伟大的特质，而事实上大量证据表明，无论是在商业、体育还是在政治领域，最好的领导者都是谦逊的。

正如这篇热门文章的标题所示，这一现象还存在性别因素：男性比女性更容易表现出自信（或过度自信）。这是由人们受到的社会影响和奖励方式决定的。例如，女性常常因为吹嘘自己的能力和成就而受到惩罚。正如卡莫洛-普雷姆兹克所写的："事实就是，几乎在世界上的任何地方，男性都倾向于认为自己比女性聪明得多。"这就导致了一种特殊类型的"万事通"行为：男性说教 [①]（mansplaining）。

男性说教

大多数人现在都很熟悉这一现象，《韦氏词典》（*Merriam-Webster*）将其定义为"当一名男性对他人（尤其是女性）居高临下地谈论自己不完全了解的事情，并错误地认为他比他的交谈对象了解得更多时，就会发生这种情况"。这个词在过去十年中越来越流行。《纽约时报》将其列入了 2010 年年度词汇列表，2014 年该词被加入牛津在线词典（见补充介绍"关于'男性说教'的简要说明"）

大多数人认为，作家丽贝卡·索尔尼特（Rebecca Solnit）在其 2008 年的文章《爱说教的男人》（*Men Explain Things to Me*）中对这一现象进行了命名。她当时没有使用"男性说教"一词，但她描述了这种情况，这引发了女性和其他被低估群体的共鸣。

后来研究表明，这种讨厌的行为不只是一种传闻。研究表明，男性在会议上发言更多，尤其是那些有权势的男性。当一个组织中的女性人数少于男性时，她们的发言时间会比男性少 1/4～1/3。男性打断别人的频率也更高，而且他们自己被打断时不太可能会让步。回顾美国最高法院 15 年来的口头辩论记录可以发现，男性法官打断女性法官的次数大约是他们互相打断的 3 倍。

除了性别因素可能会影响你与"万事通"同事的互动以外，

---

① 男性说教：指的是向别人，通常为男性向女性，解释某件事情，而且是以一副居高临下的姿态。——译者注

还有其他几个可能会导致他们傲慢的因素：民族或区域文化、权力或不安全感。

导致同事趾高气扬的可能根源

许多公司文化会奖励那些表现得好像自己无所不知的人。你所在的职场中，那些坚定表达自己想法的员工往往会获得更多支持吗？如果人们表现得犹豫不决，他们会被认为是弱者吗？在许多公司里，决策是一项竞争性的活动，而不是协作的结果，表现得好像自己无所不知其实是一种精明的生存技巧。

民族或区域文化也会产生影响。哈佛商学院教授弗朗西丝卡·吉诺（Francesca Gino）将她打断别人的倾向归因于她的本土文化。她写道："意大利人通常善于表达和爱说话，我们倾向于将打断视为对谈话感兴趣的表现，而不是对别人所说的话缺乏兴趣。"虽然不应该假设来自同一种文化的每个人都有相同的行为方式，但是研究已经证明了吉诺的观点：像意大利、德国和以色列等地的文化倾向于将坚定果敢视为一种表达参与的方式。也许你的难相处同事正是来自其中的某个地方，或者你觉得哗众取宠特别令人反感，可能是因为你来自某个重视谦逊的典型文化？

吉诺在她的研究中发现了其他导致自以为是的动机，尤其是权力。在一项研究中，她和她的合著者让部分参与者写下他们有权支配别人的一段经历，借此引导他们感觉自己很强大。相比于那些没有写过这种经历的人，这些参与者更有可能在做决定的时候认为自己的想法比专业顾问的想法更重要。在另一项研究中，事先写过自己掌权经历的人主导了讨论过程，而且经常打断别人。

与我共事过的许多"万事通"类型的同事一直在努力掩盖自

己的无能或不安全感，可能是下意识的，也可能不是。当一个人刚加入公司或刚担任某个职位时，这一点尤其明显——想想那些首次当管理者的人。

我曾与一位教练客户共事，他是一家制造公司的物流总监，总会不知不觉地想要向新同事证明自己。鲍里斯加入公司后的几个月里，人际关系持续紧张，领导团队深受困扰，所以人力资源主管请我过去处理。她解释说，鲍里斯经常开口就是"我在上一份工作中……"，这让人们觉得他高人一等，所以同事都跟他疏远了。

当我和鲍里斯还有他的同事坐下来交谈时，他在谈话的前15分钟里重复了两次这句话。好在我可以冷静地指出来："我想你可能没有意识到，你已经两次提到你的前雇主了。"他确实没有意识到。后来，他向我承认他是想证明自己的价值。他解释道："我认为他们雇用我就是因为我在上一个岗位中所做的事和学到的东西。"这是一个很难改掉的习惯，他还是会时不时地说漏嘴，但他的同事知道他不是在故意吹牛，所以会更加宽容。

吹嘘自己的成就是可以理解的，但这种策略往往会被人们误用，比如像鲍里斯这样的人，他们对自己没有信心，希望在新的职位或团队中确立自己的价值。然而，不管"万事通"行为背后的动机如何，这种行为都会让人付出代价。

与"万事通"共事的代价

我承认，在本书提到的所有类型中，这个类型让我最有共鸣。不是因为我和很多这样的人共事过，而是因为我自己经常表现得像个"万事通"。我会自信地宣告一些实际上我并不确定的事情，或者表现得好像我比房间里的每个人都知道得要多，我对这些时候的自己并不感到自豪。我知道，当我肯定地陈述某件事时，即使我推测的把握与我实际感觉的把握很不相符，人们还是可能会听我的。

但我也看到了这种方式的缺点：我的自信压制了同事的好奇心，或者我居高临下的态度让我的朋友觉得自己很渺小。

更糟糕的是，和"万事通"一起工作还会阻碍你的职业发展。即使你的同事只是想要帮助你理解一些事情，但往往会给你一种居高临下和被贬低的感觉，这会伤害你的自信心，让你在重要会议和对话中退缩。当有人居高临下地对你说话时，特别是当着别人的面，这会让你的专业知识受到怀疑，还可能会让别人有机会无视你的见解。所有这些都会影响你的待遇，更不用说你的绩效评估、晋升和奖金了。它还会滋生怨恨，损害团队士气，使团队合作更加困难。

此外，公司也会受到影响。卡莫洛-普雷姆兹克告诉我："如果公司里存在这种不称职却自视过高的人，他们领导的公司就会处于不利地位。这种公司不具备迎接任何挑战所需的人才。"

那么，如何才能避免这些代价，让你与"万事通"同事之间的互动既不会那么烦人，又不会那么有害呢？在采取行动之前，我们来看看需要回答的问题。

问自己几个问题

在决定如何应对自负的同事之前，你应该先问自己几个问题。

他们是想证明什么吗？

当然，并非每个"万事通"都想证明什么，但你同事的自负很有可能是在弥补某些不足或克服恐惧。考虑他们潜在的不安全感可能会带给你一些线索，让你知道如何应对他们。例如，当人力资源主管了解到我的教练客户鲍里斯其实是想证明自己在新职位上的价值时，她认为必须认可鲍里斯已经做出的贡献，好让他不再需要吹嘘自己过去的成就。你的同事是否也是想要确认他们的价值呢？

他们的自信是不是合理的？

还有一种情况，那就是你的"万事通"同事可能确实有充分的理由对他们的主张充满自信，即使他们的行为举止让人不太满意。想想他们给团队带来的经验或专业知识。他们最厉害的技能是什么？他们的自信水平是否与他们的才华相称？他们是不是真的知道自己声称的事？会不会他们的表达方式很粗鲁，但他们的根本观点还是有价值的？

偏见是否影响了我对他们的看法？

我们都会对谁适合当领导有一定的预判。当有人不符合我们对领导能力的预判时，比如一名亚洲女性、一位年轻新贵、一个残疾人，我们往往会质疑他们的自信是否合理。例如，研究表明，有色人种女性必须反复证明自己的专业技能。被你贴上"万事通"标签的人是否来自一个被低估的群体？你是否对他们所属的文化或群体持有潜意识的消极偏见？如果你认为同事表现得"骄傲自大"，那么想一想如果他们是主流人群的一分子，你是否还会以同样的方式看待他们的行为。这种方法是全球人力资源主管克里斯汀·普雷斯纳（Kristen Pressner）向我介绍的，名为"翻转测试法"（flip it to test it），她在 TEDx 演讲中承认自己对女性领导人持有一些偏见。为了打破这种偏见，尤其是当她发现自己在评判某位女性领导人时，她就会假设一名男性处于相同情况，看看自己是否还会持有相同的观点。问问你自己："如果我的同事是白人，我还会认为他们表现得像个'万事通'吗？"

他们的自信是否惹怒了你？

有些人会反感别人表现出来确定性。我承认，一个人对某件事的感觉越坚定，我就会越抗拒他们的观点，尤其是当他们的观点在某种程度上威胁到我的价值观时。思考一下你对自信的敏感度。也许你是在一位傲慢的父亲身边长大的，而你一直想要和他保持距离。或者你是在一种崇尚谦卑的集体主义文化中长大的。问问你自己，你对同事的反应是否更多的是因为你自身的某些原因，而不是因为他们。会不会是因为你将他们的成就与自己做比较而产生了不安全感？或者可能是你希望自己像他们一样自信或坚定？

他们的行为是否给你或团队带来了真正的问题？还是说他们只是很烦人而已？

要学会区分令人恼火的言论或行为和妨碍你完成工作的行为。"万事通"发表的烦人主张，并不是每个都需要解决；总是监督他们的自信表现只会让你疲惫不堪。他们的行为是否真的如此具有破坏性，以至于需要去处理？这些行为是否阻碍了其他人提出想法？有时候，直接无视他们的傲慢也许是最好的选择。因此，考虑一下哪些战斗值得打，哪些最好放手。

一旦你回答了这些问题，你就可以决定你想要尝试的策略了。

可以尝试的策略

我的教练客户鲍里斯的情况很特殊，因为他的同事可以借助公正的第三方（也就是我）来说出他们的感受，即鲍里斯的自负。但你不会总是有一个调解人可以利用。在没有外部帮助的情况下，你可以尝试下面这些方法。

感谢他们所能提供的

也许你的同事是一个彻头彻尾的吹牛大王，不是讲大话，就是态度傲慢。但真的是这样吗？其实大多数人都会有良好的品质，对团队或组织也会有所贡献。你可能需要深入挖掘才能发现，但是"万事通"的过度自信背后可能藏有一些货真价实的知识或能力。也许他们在上一份工作中为公司增加了 20% 的收入，也许他们对贵公司需要的某种特定的预算模型很有经验，也许他们的销售才能或影响力会在下次你需要停止交易或确保领导层对某个项目的支持时派上用场。当然，他们可能会夸大自己的技能和成功，但是他们也许真的找到了"真理"。如果他们狂妄自大的最终目的是获得认可或接受，那么你的同理心和感激或许能让他们少说点"看我懂得真多！"这种日常吹嘘的话。

关于"男性说教"的简要说明

"男性说教",即使其背后的意图不是恶意的,它也植根于性别歧视,有时还是种族歧视和阶级歧视。我要明确指出,承受这种行为的人没有任何义务去解决相关问题。女性、有色人种、残疾人等群体不应该独自承担消除这种更大的系统性偏见的责任。这就是为什么盟友在看到歧视时必须介入并制止歧视。而领导者——无论是管理两个人的团队,还是掌舵一家大公司,都必须花费时间、精力和资源来创造一种公平的文化,让每个人都能获得蓬勃发展。

如果你是一名男性,那么参与到这些努力中就显得尤为重要。研究表明,在男性参与解决性别平等问题的组织中,96% 的组织表示取得了进展,而只有女性没有男性参与解决问题的组织中,这一比例只有 30%。

同时,如果你是一名女性且身边就有爱说教的男同事的话,那么你不必等待盟友和高层领导来帮你面对组织中的性别歧视。依赖他人并不总是靠谱的,尤其是当你的职业生涯岌岌可危时,你需要立刻找到解决方案。因此,虽然更大的文化问题不是你能解决的,但我希望这里的建议能帮你解决眼前的人际关系问题。当然,这些建议大部分都适用于和"万事通"共事的情况,无关性别。

预先制止打断

"万事通"最令人讨厌的习惯之一就是经常打断别人。在我职业生涯的早期,我曾担任韩国一个项目的管理顾问。我们有一位客户习惯在会议上长篇大论地发言,以他的职衔在他们的文化中来看,这是意料之中的。在一次两小时的会议中,他多次打断我,经常插我的话。起初，我很困惑。我心想：他不需要我的建议吗？这不是他特别要求的吗？当时我很年轻，又是刚入行，可是提供建议是我作为顾问的工作，这种情况着实让我非常沮丧。我环顾四周，想看看有没有同事愿意帮我，可是他们大多只是微妙地耸耸肩。他们也不知道该怎么办。最后我还是没忍住，站起来离开了会议室。当我乘电梯下到大厅时，我开始哭了起来。我绕着大楼转了 12 圈才恢复冷静，然后回到办公室。我倒是希望我当时能保持冷静，但现在回想起来，那种反应是完全可以理解的。

避免出现这种情况的方法之一就是先发制人地要求人们不要插话。在你开始说话之前，先说明一下你（大概）需要多长时间，然后可以这样说："有任何意见或问题请先保留，等我说完。"如果你不是在做一个正式的报告，而只是在进行一个讨论，可能会有来回的交流，那你可以说："打断我说话会分散我的注意力，所以如果你能让我先说完我的想法，我会很感激。"

这种先发制人的方法并不总是可行的。从文化上来讲，这肯定不适用于我的那位韩国客户。但是，在你和同事的关系相对融洽的情况下，这种方式可以帮你省去麻烦，不用因为重复被打断而不得不坚守阵地。

在我的生活中有两个经常打断我的人——我的母亲以及我的丈夫，所以我不得不经常使用这种策略，我还必须学会不让他们的打断影响我。他们这样做的原因各不相同——我的母亲是因为担心自己会忘记想说的话，而我的丈夫是因为这是他从小到大习惯的沟通方式。我对他们并不总是像我希望的那样有耐心，但他们让我明白，插嘴不一定就是恶意的，有时人们只是需要别人提醒他们别开口。

巧妙地处理打断

如果尝试先发制人失败了，那么请直接处理。但不要只是提高嗓门，因为这样会引发一场权力之争，你的同事可能也会加大音量，想要盖过你的声音。相反，你可以自信地说："我先说完我的观点，然后我很想听听你的看法。"或者你可以效仿卡玛拉·哈里斯①（Kamala Harris）在2020年与迈克·彭斯②（Mike Pence）展开的副总统辩论中的发言。当她自信地用一句简单的"我在说话"来回应彭斯的插话时，她就像是在代表所有女性发声。这需要勇气（哈里斯显然不缺勇气），而且可能会造成紧张气氛，尤其是当着其他人的面这么做的时候。但这么做是希望"万事通"能够明白这一点，不要再继续打断别人。

如果你不喜欢直言不讳，那就寻求盟友的帮助。让其他人来处理这种无礼行为往往会容易一些，比如像这样说："在我们继续讨论之前，我想听听基思的发言"或"我认为麦迪逊的观点还没有说完"。如果"万事通"会打断团队中的很多人说话，那么你们可以约定在这种情况发生时为对方说话。

制定规范

还有一点很重要，那就是从团队和组织层面制定规范，打造包容性文化，让每个人都能在这种文化中觉得自己有权发言，或在某个"万事通"试图霸占舞台中心时为他人挺身而出。要激发

---

① 卡玛拉·哈里斯：美国现任副总统，也是美国首位女性、非裔、亚裔副总统，于2021年1月20日宣誓就职。——译者注

② 迈克·彭斯：美国前副总统，共和党籍政治家，任期2017—2021年。——译者注

人们的正义感。你可以围绕这个问题展开讨论："我们如何为每个人打造心理上感到安全、相互协作而又包容的职场？"鼓励团队思考如何进行沟通，以及如何改进。

当我在研讨会上授课或给团队做演讲时，我一直在用的一个规范就是"占点空间，留点空间"。如果你倾向于在会议上保持沉默，那你应该挑战自己，发表自己的观点。如果你是一个喜欢滔滔不绝的人，那你可以试着退一步，为其他人腾点空间，让他们也能发言。我发现，在会议一开始就分享这个想法会让会议时间得到更加公平的分配。或许这一条也能成为你和你的团队达成的规范之一。制定准则可以防止发言被打断，让每个人都能安心发言。

要求提供事实和数据

"万事通"的另一个恼人习惯就是发表这种断言："我们的客户希望我们每六个月交付一次新功能""销售额下降是因为我们对投诉的反应不够快""一年后，甚至没有人会谈论这次选举"。如果你坐在那儿想：他们是怎么知道的，他们为什么这么肯定，那么你完全可以要求他们提供信息来源或数据来支持这些声明。

当你这样做的时候，要表示尊重，而不是对抗。你可以说："我不确定我们的假设和事实是否相同。在继续下一步之前，我们来退一步看一看数据吧。"当然，你可能不会以相同的方式来解读数据，甚至根本没有数据可用。如果你可以建议他们收集一些数据，那就这样做吧。比如，如果你的同事坚持认为客户会讨厌研发团队提出的新功能，那么是不是可以进行一个简短的客户调查？

即使你那盛气凌人的同事最初几次没有好好回应你的询问，他们也可能会预料你下次还会要求提供证据，所以在脱口而出未经证实的声明之前会三思而后行。让他们解释他们是如何知道一些事的，这可能会帮助他们认识到自己知识的局限性，并鼓励他们在将来保持谦逊。

当你要和一个"万事通"会面时，请带上已经核实的事实证据。为捍卫自己的观点和反驳他们的误导言论准备得越充分越好。这样你还能向对方强调，基于事实的讨论比装腔作势更重要。

以身示范谦逊和开放的态度

许多爱炫耀的人之所以这样做，是因为这种做法过去曾经行之有效，或者因为他们受到了这样的暗示或明示，即表现得自信符合其所处的团队、组织或文化的期望。你可以通过表现出谦逊和开放的态度来树立不同的典范。比如你可以试着说"我不知道"或"我现在还没有这方面的信息，一会儿我再来找你"。如果"万事通"看到你表达了不确定想法以后并没有产生任何后果，那么他们可能也会愿意这样做。

你甚至可以鼓励所有人在开会时都仔细考虑他们想要提出的解决方案或想法的利弊，这样可以促使他们更谦逊一些。或者你可以问这样的问题：

- 另一种观点是什么？
- 如果我们试着从另一个角度来看这个问题，我们会怎么想？
- 这种方法的好处和风险分别是什么？

因为有的"万事通"是在寻求认可，所以简单地承认他们的想法可以防止他们哗众取宠。可以感谢他们分享自己的想法，或者在说出你的想法或提出问题之前，从他们的观点中挑出一两点你欣赏的地方。例如，你可以说："这一点很有用。我同意你说的第一部分，但我对第二部分的看法略有不同。我们来好好讨论一下。"

夸姆对他的同事阿玛拉就是这么做的。他告诉我："开会时，阿玛拉会表现得好像什么都知道，什么问题也不问，但之后她又来找我问个明白。"他很肯定阿玛拉是害怕自己看起来很愚蠢。他解释说："她似乎担心人们会因为她对这个问题一无所知而对她评头论足。"他想直截了当地告诉她，问问题没什么好羞愧的，但他觉得阿玛拉会否认自己的不安全感，因此他在会议上做提问示范，甚至偶尔会这么说："我希望你不要介意我问这些问题，因为这样我可以学到很多。"夸姆花了几个月的时间这样做，随着时间的推移，阿玛拉越来越能够自在地说出自己对某些事情的不确定想法，甚至还能当着别人的面向夸姆寻求解释。

词|句|借|鉴

当你和一个自以为无所不知的人交谈时，你会很难选择合适的语句，所以这里提供一些示例用语供你参考。可以对这些词句进行调整，以适应你的情况。

对"男性说教"的直接回应

"谢谢，我知道怎么做。"

"你这样说，让我有点怀疑你可能不了解我在（主题）方面的背景。"

"我知道我在做什么，如果你能尊重这一点，我将不胜感激。我很重视你的意见，如果我需要的话，我一定会向你咨询的。"

预先制止和解决打断

"有任何意见或问题请先保留，等我说完。"

"打断我说话会分散我的注意力，所以如果你能让我先说完我的想法，我会很感激。"

"我先继续，等我说完我再来解决这个问题。"

"我先说完我的观点，然后我很想听听你的看法。"

"我在说话……"

为他人发声

"在我们开始讨论那个问题之前，我想先听完马库斯的观点。"

"黛德丽，你的观点说完了吗？如果没有，那我们先听你说完，然后再讨论下一个。"

"我知道丹尼尔在这方面有很多经验。我想听听他的想法。"

"这是你的项目，盖尔。你怎么看？"

要求提供事实和数据

"请稍微告知一下你的见解来源。"

"关于你得出的结论，我想了解得多一些。"

示范谦逊

"我来说下我知道的，还有一些我不知道的。"

"关于这个专题，我们所有人都还在学习当中。"

"关于那点我不能肯定地告诉你，但有一点是可靠的，那就是……"

让他们停下来

你的同事可能并没有意识到他们在做什么，也不知道这对周围的人会有什么影响。你可以在一对一的私人谈话中这样跟他说："每次我们讨论决定的时候，你都会很强势地维护自己，以至于我们很难继续交谈。如果你能倾听并考虑我的观点，即使你不同意，那也会对我很有帮助。"你甚至可以尝试像这样幽默地说："谢谢你向我解释了一些我已经知道的事情！"

记住，当性别因素发挥作用时，这种方法可能会有额外的风险。女性可能会被贴上过于敏感的标签，或被指责"打性别牌"，这些不公平的看法可能会损害你的声誉或事业。这并不是说你不应该说出来，而是要知道可能会出现什么后果。如果出现这种带有偏见的强烈反应，请考虑向能够（并且愿意）解决问题的人提出问题——你的经理甚至是人力资源部门。现在"男性说教"这个词已经如此普遍，以至于人们可能觉得这种行为越来越无害，但是请记住，它背后的傲慢和性别偏见往往会限制个人发展，腐蚀团队文化。理想的情况下，你的组织应该认真对待这些越轨行为。最近有一种趋势，要求公司正式处罚男性说教行为，并在绩效评估中引入对倾听和尊重的评估。

• • •

我们再来看看露西亚的故事，她害怕与同事雷一起开会，因为雷会垄断对话，自以为是地高谈阔论。她最初的应对机制是无视他，如果会议时间过长，她就会拿出手机或笔记本电脑来回复电子邮件。但她也认识到雷的行为不只是令人讨厌而已。由于他占据了太多空间，其他同事或者雷本人根本不会听到她的意见。而且她看到其他人也同样因此默不作声。

所以她不再无视雷的这种行为，而是开始面对。起初，她尝试对他所提出的观点表示赞赏，指出他在长篇大论里提到的一些好的论点，但这些赞美并没有平息他的自负。而且好像还激励了他，让他继续说下去。因此，她采用了另一种策略：提出问题，让他对自己的假设进一步说明。这种方式很快让他意识到自己并不是知道所有答案，于是他会求助于队友来回应。这有两个好处：一能让其他人有机会展示自己的专业知识，二是让他学会谦卑。露西亚表示，对她最有帮助的事情之一就是她知道自己并不是孤立无援的。现在她和同事交换眼神，不再只是互相同情，而是在决定由谁来礼貌地打断雷的发言，这成了他们彼此的共同责任。

与一个"万事通"一起工作，往小了说是令人恼火，往大了说可能会制约职业发展。但你无须坐视不理，默默忍受。和露西亚一样，你也可以采取措施遏制同事的虚张声势，或者至少可以减少其带来的影响。

策|略|集|合
针对"万事通"

要：

- 预先制止"万事通"的打断行为，可以说"有任何意见或问题请先保留，等我说完"或者"打断我说话会分散我的注意力，所以如果你能让我先说完我的想法，我会很感激"。

- 让对方为自己的陈述提供支撑的来源或数据。

- 通过询问其他观点，以身示范谦逊和开放的态度。

- 让同事帮忙阻止对方的打断行为，并在团队中制定规范，防止员工霸占会议时间。

- 思考自己是否因为偏见而给同事贴上"万事通"的标签。

不要：

- 就谁对谁错展开权力之争。

- 假设他们知道自己"男性说教"或居高临下。

- 尝试纠正每一次过错——适当放手是可以的。

- 让你的同事有机会使你无地自容。

第八章

施虐者

"我受苦，你也应该受苦"

朱莉娅还记得，当初她申请一家连锁酒店的营销经理职位，在接受完酒店主管西莱斯特的面试以后，她回到家告诉丈夫，西莱斯特在面试过程中一次也没笑过。她猜想她未来的老板不会是一个热情的人。也许这只是她的风格，甚至是因为文化的原因？对此她解释说："我和来自不同国家的人一起工作过，所以我明白不能期望别人行事都像我一样。"

然而被录用以后，她发现西莱斯特在"冷落她"。朱莉娅上班第一周一次也没见过西莱斯特，她说："我基本上就是做一些调查工作，找一找我工作所需的信息。"她很清楚，西莱斯特不信任她，"她总是很快就否定了我的想法"。朱莉娅还是坚持了下来，一年后她觉得自己赢得了西莱斯特的尊重。但西莱斯特仍然要求很多，而且希望朱莉娅随时待命。"她让我取消假期，在休假的时候去办公室，甚至让我在度蜜月的时候工作。"她告诉我。当朱莉娅拒绝这些不合理的要求时，西莱斯特会告诉她："个人的事情永远不应该成为阻碍你工作的理由。"

西莱斯特似乎为自己坚定不移地献身工作而感到自豪。她吹嘘自己每次生完孩子以后休的产假都很少，而且还说自己从医院一回到家就开始工作。她明确表示，自己在这个行业一路走来并不容易，而且她也不会为朱莉娅铺平道路。

朱莉娅这是在和一个"施虐者"一起工作——一个通常做出很多牺牲、靠自己的努力爬到高位，然后虐待自己下属的高层人士（有时是你的老板，有时是其他人）。他们这么做的动机似乎出于这样一种想法：因为他们受苦了，所以你也应该受苦。这种行为在职场中就相当于告诉人们："在我那个年代，我不得不在冻雨中走路上学，然后来回爬上坡。"

虽然"施虐者"（tormentor）这个词可能听起来有些极端，但用它来形容那些我们期望其成为"师者"（mentor），但最终却让我们过得很痛苦的高层人士再恰当不过了。

下面是一些常见的与施虐者相关的行为：

- 直接或间接地指责你对工作不够投入。
- 设定近乎不可能达到的标准。
- 给你分配不必要或不恰当的琐碎工作，或学术界所说的"不合规任务"[1]（illegitimate tasks）。

- 自豪地分享他们在职业生涯中做出的牺牲，而且认为你也应该做出类似的牺牲。

- 贬低你的成就，尤其是与他们的成就相比的时候。

- 拒绝批假或对非工作事项的灵活处理。

- 将消极特征归于某一代人（"千禧一代[2]懒惰且为所欲为"或"Z世代[3]非常脆弱，他们无法承受哪怕一丁点的不适"）。

- 否认存在系统性障碍，如性别偏见或根深蒂固的种族主义。（"我能做到，我不知道为什么你做不到。"）

- 声称他们的虐待是一种性格塑造的锻炼。

像西莱斯特这样的人似乎会因为他们过去的经历而故意让你的日子不好过。如果你和这种人一起工作，你应该如何应对？你应该正面处理他们的虐待吗？到底有没有可能让他们成为你的盟友而不是敌人？

施虐行为的背景

如果你的上司质疑你对工作的投入，对你很严厉，坚持要你

---

① 不合规任务：是指不符合人们预期工作范围、不应由自己完成或不必要执行的任务，它不仅会对员工的职业身份造成威胁，还会引发一系列消极后果。——译者注

② 千禧一代：1984—1995年出生，差不多与电脑同时诞生，在互联网的陪伴下长大。——译者注

③ Z世代：也称"网生代""互联网世代""二次元世代""数媒土著"，通常是指1995—2009年出生的一代人，他们一出生就与网络信息时代无缝对接，受数字信息技术、即时通信设备、智能手机产品等影响比较大。——译者注

吃苦才能赢得认可，那么你很容易就会把他们的行为归咎于代际差异，甚至认为他们就想让你痛苦，但其实可能还有其他原因。接下来，我将探讨你的同事折磨你而非指导你的一些可能原因。

缺乏同理心

我的一位前同事刚当上爸爸时，他的老板——一位三个孩子的母亲——对他需要平衡工作和年轻家庭所面临的挑战几乎没有表示同情，这让他感到震惊。他老板的态度是"孩子再小也不应该阻碍你去办公室完成工作"。当我的同事说他因为孩子生病不能来上班时，他的老板会问："你不能请个保姆吗？"当他请求早退去参加家长会时，她坚持让他请假一天。

有研究解释了这种思维模式。来自凯洛格管理学院和沃顿商学院的教授团队发现，与一个当下处于你曾经所处困境的人共情往往难度更大。他们的研究结果表明，那些面临过重大挑战的人，比如经历了离婚，同时兼顾工作和养育年幼的孩子，或者失去了工作，他们不太可能对其他经历同样困境的人表现出同情。为什么？作者提供了两种解释。第一，虽然我们也许还能大概记得某一特定经历是多么具有挑战性，但我们往往会低估当时所感受到的痛苦和压力。第二，我们会假设，既然我们能够克服困难——找到了另一份工作，在工作出色的同时抚养好孩子，挺过了离婚期，那么其他人也应该能够做到。

施虐者可能无法准确回忆起过去的苦难，或者他们可能记得太清楚了，以至于认为你不应该轻易脱身。朱莉娅就是这样解读她老板西莱斯特的行为的。西莱斯特跟她说自己缩短产假或通宵工作的故事，其实是在颂扬自己做出的牺牲。虽然朱莉娅觉得西莱斯特对她过分苛刻了，但西莱斯特似乎还想借此向她展示在酒店行业，尤其是在她们公司取得成功所要付出的代价——这里的女性往往担任初级职位（并完成大部分苦差事），而且很少能晋升高层。

嫉妒

同事的施虐行为也可能是出于嫉妒。我为写作本书采访的许多人都曾怀疑，上级之所以贬低他们，仅仅是因为他们嫉妒。研究证实了这一点。当下级拥有一些上级想要的东西，无论是强大的社交技能、与同事的亲密关系、有趣的想法，还是特定的技术能力，都会导致领导者产生学术界所说的"下行嫉妒"（downward envy）或"代际嫉妒"（generational envy）。他们担心后起之秀可能拥有更高的资质，从而反衬出他们的局限性，甚至最终抢走了他们的工作。米歇尔·达菲（Michelle Duffy）是研究这一课题的研究员之一，她告诉我："一个人觉得自己没有某些特质，觉得别人拥有的比自己多，或者别人有自己没有的东西，这种感觉会引发自卑，甚至让人觉得受到了威胁。"当施虐者感到脆弱时，他们会有意或无意地给你设置障碍。

奥兰多给帕特里克当下属的时候，就遇到了这样的事情。奥兰多已经在帕特里克领导的州政府机构工作了一段时间，他觉得自己已经为升职做好了一切准备。于是他申请了该机构的几个职位，但都没有成功。每次帕特里克都告诉他，他没有"合适的经验"，尽管从理论上来讲，奥兰多已经具备了必要的所有资格。奥兰多把这些话当真了，他开始怀疑自己是否真的具备在这一领域取得成功的条件。

学者阿拉亚·贝克（Araya Baker）表示，反复认定下属不具备晋升能力是那些有下行嫉妒心理的人常用的策略。他写道："前辈可能会不断地改变规则或提高标准，让后辈遵循不断变化的标准。后辈永远也不会有'准备好'的时候，因为无论取得多大进步都不会足够。与此同时，他们不会受到指导，而且还会因为询问情况什么时候才能改变而被贴上没有耐心的标签。"（见补充介绍"如何理解代际差异"）

如何理解代际差异

将施虐者的行为归因于代际差异时要小心。当然，随着年龄的增长和职业生涯的发展，人们偶尔会感叹事物变迁，这是很常见的。一些专家称之为"现在的孩子"（kids these days）效应①。但是，尽管媒体对各代人的刻板印象进行了大量报道（婴儿潮一代傲慢自大；X世代愤世嫉俗、冷漠反叛；千禧一代为所欲为），但几乎没有证据表明，不同世代的人在工作中的行为方式或想要的东西有明显的不同。现在25岁的人关心的事情和现在50岁的人在他们25岁时关心的事情是一样的。现在25岁的人到了50岁可能也是关心类似的事情。所以，即使施虐者会对"你这个年纪的人"泛泛而论，你也不要对他们做同样的事。

---

① "现在的孩子"效应：指的是成年人的一种观念，认为现在的孩子或年轻人比过去年代的人表现要差或不如他们年轻的时候。——译者注

社会认同威胁

你的上级还有可能试图与你保持距离，尤其是如果你们都属于职场中一向被低估的群体，或者你所在的行业或领域很少有像你们这样的人（例如，工程界的女性或学术界的黑人学者）。

研究人员称这种为"社会认同威胁"（social identity threat）：相信和被贬低的群体产生联系会伤害到自己。例如，在组织中担任最高级别职位的人数偏少的女性高层可能会将其性别视为一种负担。正如一位受访者告诉我的那样："我一直因为自己没有给予其他女性支持而感到内疚，我会这样做是因为一种无意识的想法，那就是另一位女性的成功会抢走我的成功。"鉴于女性在领导岗位上的持续缺乏，这种稀缺心态是可以理解的，尤其是在高层职位竞争激烈的地方。女性同事可能会与其他女性保持距离，以增加自己获得成功的机会。（这种行为导致了"蜂王"比喻的涌现；更多信息请参见补充介绍"'蜂王'比喻"。）

不只是女性会以这种方式远离自己所属的群体。在针对男同性恋者、担心被视为落伍的老年人以及少数民族和种族的研究中也观察到了同样的倾向。毕竟，如果像你一样的人很少能获得成功，在这种背景下，将自己与被低估或带有负面刻板印象的群体区分开来，同时和享有更多优势的主流群体建立联系，这种生存策略合情合理。

不幸的是，担心自己被视为代表性不足的群体，这一点并非毫无根据。一组研究表明，在公司努力提倡多元化的女性和有色人种在能力和绩效方面都被领导给予了更差的评价。该研究的作者写道，他们的研究结果"表明地位低下的群体成员帮助自己的同类是存在风险的。这可能会导致女性和少数群体在获得权力后选择不为其他女性和少数群体发声，因为她们不想被视为能力不足、表现不佳的人"。

还有研究人员认为，有些人不愿意帮助与他们一样的人是出于所谓的"偏袒威胁"（favoritism threat），即担心支持与自己类似的人会被视为不公平的积极偏见[①]（positive bias）。卡内基梅隆大学的罗萨琳德·乔（Rosalind Chow）教授研究工作中的社会等级制度，她提到了另一个困扰一些女性领导人的问题："女性可能会担心其他女性表现不佳，还担心因此强化了人们关于女性不如男性的刻板印象，从而损害自己的成功机会，同时让所有女性未来的晋升之路更加艰难。"虽然这并不能证明施虐行为是合理的，但是也许你的同事对你如此严厉，是因为他们想保持高标准，想要表明即使偏见存在，像你这样的人也仍然可以在公司取得成功。

对领导力存在基本误解

对于你同事的行为，还有一个可能的解释值得一提：对什么是有效领导存在误解。几十年来，职场中一直存在着一种错误的观念，即领导者必须专横、苛刻、冷漠无情。从长远来看，这种"命令和控制"（command and control）的管理方式在产生高绩效方面效果有限，不仅对员工不利，而且对滥用职权的领导也不利。也许你的同事还没了解到这一点，还抱着过时的观念，认为要想成为一名成功的领导者并赢得他人的尊重，就必须表现得像个恶霸，欺负下属，让他们屈服。

---

① 积极偏见：不同情境下可以描述不同现象和心理倾向，这里是指个体在评价他人时，往往更多地对他人做出积极、肯定的评价，即评价他人时总有一种特别宽大的倾向。——译者注

"蜂王"比喻

有一种刻板印象认为，年长的女性往往会试图阻碍紧随其后的年轻女性的职业发展。这一观点非常普遍，甚至被冠以"蜂王"现象的称号，学术界对此也进行了研究。

显然，这也是许多人共同的经历。在为本书所做的采访中，我听到了很多像朱莉娅一样的女性被其他女性虐待的故事。我们从研究中了解到，女性在工作中遭遇的无礼行为要多于男性。涉及 400~600 名美国雇主的一系列三项大样本研究发现，相较于受到男性同事虐待，女性会更加频繁地受到其他女性的虐待，包括忽视、打断、嘲笑或其他方式的不尊重行为。

如果你发现自己正在与一位符合"蜂王"特质的同事打交道，那么本章中的许多建议将对你有所帮助。

然而，我想强调的是，将女性视为"蜂王"的看法往往受到性别偏见的影响。毫无疑问，与施虐者相关的行为是有害的，是不可原谅的，任何性别的人都不应该虐待他们的同事。然而，女性往往被要求遵守不同的标准。我们会更加严厉地谴责她们争强好胜，对他人缺乏仁慈，以及其他放在男性身上就会受到赞美或忽略的特质。

比如，我们来仔细看看竞争。研究表明，竞争可以激发创造力、创新能力和生产力。当男性参与竞争时，我们可能会认为这很残酷，但也可能觉得这在残酷的工作环境中情有可原，甚至还会认为这能激发出色表现。但当我们观察女性之间的竞争时，即使是良性竞争，我们也会给它贴上"猫斗"（指女性之间的打斗）或"不专业"的标签。利亚·谢泼德（Leah Sheppard）和卡尔·阿基诺（Karl Aquino）两位教授的研究表明，相较于女性与男性之间或者男性与男性之间的冲突，我们往往会过度渲染女性之间的工作冲突。而这会影响人们对于女性的认知。如果人们在观察女性互动时认定女性无法实现良好合作，或试图损害彼此的职业发展，那么这就意味着女性不太可能成为富有成效的同事。

女性应该彼此慷慨相待，而不是相互竞争，这一观念很大程度上是来自对女性群体的刻板印象。它还助长了一种期望，即女性应该做额外的工作来帮助其他女性向上发展，她们应该成为导师，应该领导女性员工资源小组，应该孜孜不倦地倡导性别多样性。如果一位女性高层不去承担这些责任，她就有可能被贴上"蜂王"的标签。

同样，因为我们期望女性在工作中给予他人关爱和支持，所以被女性虐待会让人感觉格外受伤。与男性相比，人们往往不太容易接受来自女性的建设性反馈。在2019年的一项研究中，有2700人受雇从事抄写工作，然后被随机分配给一名虚构的经理，可能是男性，也可能是女性。收到女性主管所给的负面绩效反馈的员工会对这份工作不太满意，对分配给他们的任务完成时也不太投入，尽管他们收到的反馈与虚构的男性经理所给的完全相同。

这种刻板印象似乎并不能普遍适用。值得注意的是，关于"蜂王"现象以及一般的性别偏见的研究大多是针对白人女性进行的，所以目前尚不清楚有色人种女性是否会经常被指控存在同样的破坏行为。例如，一些研究表明，黑人女性在表现自信坦率方面可能会有更多的自由，因为我们不会把她们与对"女性"的传统期望紧密地联系在一起。需要明确的是，职场中存在大量关于黑人女性的有害刻板印象，但这种可能不是其中之一。

如果你觉得和你共事的是一个"蜂王"，那么你要问问自己，是否是你的偏见影响了你对同事行为的解读。这并不是说你在想象自己受到了虐待，但有没有可能是你不公平地将其归咎于同事的性别？会不会是你放大了对方的严厉，只因她是一名女性？还是你掉进了一个陷阱，以为女性就应该是有教养、善良、无私的团队成员？

回想起我在整个职业生涯中为之工作过的老板，其中大多数都是女性，除了一位之外，其他所有人都是出色的领导。她们支持我的职业目标，推动我的工作，告诉我如何取得成功，给我诚挚的关怀。相关研究也对我的经历提供了佐证。当女性的同事中女性占比较高时，他们遭受的性别歧视和骚扰就会相对较少。正如斯坦福大学教授玛丽安·库珀（Marianne Cooper）所写的："当女性的主管是女性时，她们获得的家庭和组织支持会比拥有男性主管时要多。"在由女性管理的职场中，男女薪酬差距也会小于男性管理的职场。

如果你认为自己是一名男性，那么你可以在打破"蜂王"的刻板印象以及助长这种印象的性别偏见方面发挥特别重要的作用。研究表明，男性在解决这些问题上具有更大的影响力，因为他们在性别平等方面没有既得利益。"在涉及性别歧视方面，男性在面对不良行为时往往比其他女性更有说服力，"《中止偏见》（Bias Interrupted）一书的合著者琼·威廉姆斯（Joan Williams）说，"我们会给予他们更多的信任，因为他们不是为了自己。"

无论你是什么性别，你都应该称赞那些支持过你和你事业的女性，以此来积极抵制关于"蜂王"的错误说法。我采访过一位主管，她曾给一位心怀报复的女领导当下属。她告诉我，这段经历促使她"成为圈子里年轻女性的盟友和导师，对她们直言不讳，并找到提升她们、帮助她们成长的方法"。要专注于创造积极的体验，这是为了你自己的幸福，同时也是为了消除人们关于女性容易在工作中损害他人利益这一谬见。

与施虐者共事的代价

成为当权者蔑视的对象是很痛苦的。目前我们已经了解到无礼行为会产生的代价，不管是对目标本人、旁观者，还是对整个组织。

虐待员工的主管会导致员工降低工作投入度，给员工带来更大的生活工作冲突以及心理困扰。团体内的欺凌行为也会带来类似后果。例如，研究表明，当女性遭受其他女性的虐待时，她们的幸福感会受到损害，具体表现为工作满意度降低、活力下降、离职意愿增强。如果有上司刻意疏远你，特别是你的直属上司这样做的话，你的职业前景也可能受到影响，尤其是当他们在他人面前批评你或在绩效评估中给你差评的时候。同样是表达对你工作的担忧，与一般人相比，那些拥有相同身份标志①（identity marker）的人可能会被视为更客观、偏见更少，因此他们的评估即使不公平，也可能会被认为更可信。

组织也会受到影响。据估计，辱虐管理②（abusive supervision）每年以生产力损失、员工流失和诉讼等形式给公司造成数百万美元的损失。

对我来说，与施虐者一起工作最令人不安的后果之一就是它可能会损害你的自信。如果你认为别人这么做都是为了你着想，那你也许更有可能将他们的负面反馈或虐待归咎于你自己的缺点。

---

① 身份标志：体现了对我们自身或所处社会具有意义的特质，比如以年龄、宗教、民族、政治派别等一种或多种混合因素来描述自己或作为自己的身份认同。——译者注

② 辱虐管理：又称上级不当监管、苛责式管理，是破坏型领导的一种，它是指在上下级接触中下属感受到来自上级的持续性敌意对待，最典型的表现为恐吓、威胁及语言或非语言的"冷暴力"。——译者注

阿拉亚·贝克解释说，下行嫉妒无论如何被误导，都有可能产生严重的后果。那些嫉妒下属的高层领导可能会阻碍下级晋升，用不切实际的标准来要求年轻人，并坚持认为他们永远是正确的，因为他们的级别更高。这些嫉妒的表现使得等级制度和现状得到了巩固，施虐型高层得以掌权的这种结构从一开始就被确立了下来。

如果你遇到一个同事挡你的路，与你进行不必要的竞争，对你过分苛求或吹毛求疵，或者竭力阻碍你取得成功，你该怎么办？一如既往，从反思现状开始。

问自己几个问题

我明白，让深受虐待之苦的人去同情施虐者，这是很难办到的。所以，与其将下面的这些问题视为对同事的一种慷慨，不如将其视为一种战略评估：设身处地从他们的角度思考，这样可以更好地应对他们的行为。

你的同事到底怎么了？

现在有很多关于辱虐管理的研究，这是意料之中的事。人们想弄清楚为什么高层会选择虐待下级。最容易让人想到的解释可能是，折磨你的人是一个有着独特缺陷的人。然而相反，这一领域的研究表明，在适当的条件下，大多数人都可能成为施虐型领导。特别是要知道，许多标志性行为，比如指责你工作不够投入或在别人面前批评你，这些可能都是压力之下的冲动反应。

我们都知道，对你管理的下属怀有同情和友善是正确的做法，但当你的情感和认知资源耗尽时，你就很容易做错。所以问问你自己：这个人到底怎么了？他们是否因为要达到不合理的目标而背负压力？他们会不会睡眠不好？他们的家庭生活是否处于挣扎当中？这些都无法成为有害行为的借口，但或许能让你更好地理解这些行为出现的原因。

你的组织是否鼓励这种行为？

你所在职场的组织文化也可能会默许你的同事虐待他人。

维拉诺瓦大学教授曼努埃拉·普里斯穆斯（Manuela Priesemuth）在其关于破坏性领导和职场攻击的研究中发现了这一点。她写道：

虐待行为，特别是领导者表现出来的虐待行为，会在整个组织中蔓延，形成虐待的氛围。因为员工会向管理者学习，他们会逐渐意识到这种虐待他人的行为在公司里是可以接受的。本质上，员工会开始认为"这里就是这样的方式"，这种信念会在容忍虐待行为的有害环境里得到体现。更有甚者，研究表明经历过上司虐待的员工也更倾向于"传递"这种待人方式，从而产生连锁反应。

也许折磨你的人只是按照组织中的其他人建立的规范行事，而不是对你进行个人报复。如果真是这样，那你应该考虑一下你是否想在这样的地方工作下去。

你的同事是否认为他们在帮忙？他们会不会确实有帮忙？

也许折磨你的人根本就没有恶意，他们强硬的方式或不肯降低的期望并不是为了破坏竞争或让你被解雇，也不是为了让你过得痛苦。想一想他们这么做可能是为了什么。

尽管西莱斯特让朱莉娅感觉很糟糕，但朱莉娅相信她的领导实际上是在帮助她。她告诉我说："她对办公室里的每个人都很严厉，对女性则格外严厉，她想迫使我们证明自己愿意像她一样努力工作。通过给我们施加如此大的压力，我认为她是想帮助我们发挥一些我们自己都不了解的潜在能力。"

也许，你会像朱莉娅一样意识到同事这样做的目标是崇高的，即使他们的策略是错误和有害的。他们的行为是否产生了积极的结果？例如，他们的高期望是否让你在工作中表现得更好？

一些研究表明，与具有严格标准、令人畏惧的领导者共事有一定好处。他们的下属经常通过观察学习到如何在高压情况下快速做出决定，并迫使自己取得成功。

一旦你考虑了以上这些问题，你就可以开始规划与该类型同事的相处方式了。

可以尝试的策略

同事对你的极端竞争意识或无法实现的期望可能是受到自身压力或有害文化的影响。即便如此，只要他们的行为是卑鄙或有害的，就需要解决。你可以尝试下面的一些策略。

激发他们的同理心

如果我们在某些方面认同他人，我们就更有可能同情他们。与其试图与施虐者保持距离，不如想办法让他们知道你与他们的相似性要比他们想象的更多。可以问问他们进入这个行业是什么样的感觉，或者他们在职业生涯早期面临的斗争或必须克服的障碍。然后，认真倾听。表现出对他们的经历感兴趣可以让他们卸下防备。此外，可以找机会跟他们聊一聊你所做的牺牲，或者突出你的热情与干劲。

罗萨琳德·乔建议征求同事的意见。乔表示，把他们当成导师或专家来接近他们能够很好地提振他们的自尊，而且"如果他们能从你身上看到自己，他们就更有可能对你更好"，并希望你成功。如果你所取得的令人瞩目的个人或团队成就能够很好地反映他们的领导能力，那就更好了。

这种方法可能对于男性主导领域中的女性高层特别有效。研究性别和"蜂王"现象的心理学家贝尔·德克斯（Belle Derks）表示，符合这一刻板印象的女性"并不是与一般女性保持距离，更具体地说，她们是会疏远那些（至今）没有在男性主导的组织中为了生存做出必要牺牲的女性"。德克斯告诉我："如果你能向一位要求严格的女上司表明，你同样具有雄心壮志或者愿意付出额外的努力，那么你可能会更容易与她共事。"

专注于共同目标

同样地，考虑一下你是否能与同事保持目标一致，这样你们就能专注于同一个目标。携手合作可以帮助你们以积极的方式发挥你们的才能和能量。有没有可以让你们一起完成的项目？或者你可以帮助他们解决的问题？当然，谋求合作可能对你来说并没有什么吸引力。毕竟谁愿意把自己直接置于对方的火力之下呢？但是，有一个共同的目标可以帮助缓解紧张心理，让你们朝着同一个方向前进。

你甚至可以在小范围内使用这种策略，在日常交流中强调共同的目标：

"我知道我们都想按时完成这个项目。"
"我们都关心团队能否获得我们所需的资源。"
"我们都希望在一个公平公正的地方工作。"

在交流中使用"我们"这个词可以让你的同事不那么强烈地视你为竞争对手，打个比方就是，它可以让你们站到同一阵线上。

不要向不良竞争屈服

如果你感觉到同事视你为威胁，你可能还想要加大赌注，向他们表明你绝不退缩。不要盲目上钩。

经过一番思考，奥兰多意识到帕特里克的行为可能不是因为他，而是因为他带着更丰富的资历来到政府机构这一事实给帕特里克带来了不安全感。奥兰多告诉我："他跟我的交流潜在主题都是'我比你强'，感觉他想要通过贬低我来使自己感觉更好。"奥兰多注意到，他越是为自己辩护，帕特里克就越是虐待他。因此，他决定停止和帕特里克争论。

"我不再争夺升职机会以后，我们之间的紧张关系立刻就得到了极大缓和。"他说。但他并没有放弃自己的职业目标，而是开始去别处找工作。他告诉我："我告诉自己我不会放弃，直到我找到更好的工作。"同时他把精力集中在他关心的工作上。他说："我决定少在乎一点头衔，把关注点放在工作上。"奥兰多选择了一些与帕特里克互动最少的特殊项目，通过帮助该机构完成进一步普及教育的使命，他也获得了满足感。

与其和施虐者陷入拉锯战，不如把精力放在有建设性的行动上，比如寻找有趣的项目，与能教给你东西的人一起工作，为公司的使命奉献自己——甚至可以在工作之余去做志愿者。

改变权力平衡

你可以尝试的另一个策略是改变你和施虐者之间的权力平衡。他们的行为之所以让你如此痛苦，还让你付出如此高昂的代价，部分原因是他们拥有更高的职位，但不能仅仅因为他们拥有更高的职位你就必须接受他们的侮辱或嘲弄。研究表明，你可以通过增加他们对你的依赖来缓和他们的消极态度。

当然，这样做似乎并不容易。毕竟，在加薪、升职、获取资源或项目分配方面，你还得依靠他们，至少一定程度上是这样。然而，权力动态并不是固定不变的，你可以展示你的价值，特别是在他们最关心的方面，以此来让情况变得对你有利。假设你同事的目标之一是确保团队正在使用最新的技术跟踪销售。了解到这一点，你就可以研究相关技术动向，并对各种选项集成到当前系统所面临的挑战进行评估。也许你可以先关注社交媒体上专门研究某一特定技术的人，或者联系其他公司特别关注该领域最新发展动态的同行。然后你可以向施虐者分享这些信息，帮助解决他们关心的首要问题。这种策略的成功关键在于，关注那些他们在其他地方很难找到的技能，目的就是向其传递这样的信息："你比你想象的更需要我，所以对我好一点。"

直接处理

直接与施虐者解决问题关系可能也是一个不错的选择。如果你的同事正在损害你的利益，那你可以诚实而机智地面对他们。你可以这样说："我可能是错的，但我感觉我们在一起的合作没有达到应有的效果。我想和你建立一种富有成效的关系，所以如果我做了什么不好的事，影响了我们的合作效果，请告诉我，这样我才能做出改变。"我没有说坦率地面对不会造成尴尬，可能也会，但理想的情况是，你们可以就如何回到正轨展开对话。你的同事可能会否认（"我认为我们的合作方式没有任何问题"）或防御（"你为什么这么认为？"），但至少你已经清楚表明了你想要和对方保持积极的关系。

增强自信

和对你苛刻的人一起工作可以考验你的自尊。重要的是要坚强，不要屈服于"冒充者综合征"。我采访过的一位女士说，她当时已经准备好辞职了，因为她和几位同事相处很艰难，他们在项目中排挤她，在其他人面前贬低她的贡献。但后来，她受到了一位朋友的启发："在他们强迫你走之前，不要自己走。"于是，她没有放弃自己热爱的工作，而是更加坚定了留下来的决心。她告诉我："我的工作很辛苦，竞争也很激烈，即使其他人对我不屑一顾，我也必须认识到自己的价值和应得的肯定。即使一些高层人士不打算帮我取得成功，甚至可能试图破坏我，我也可以自己帮助自己。"

做到这点并不容易，但她专注于自己所能做的，努力发展自己的事业，不靠别人，而是依靠自己的能力。她说这样做的好处不仅仅是维护了她的自尊。她说："当我开始相信自己，我就开始去寻找那些能够理解我的努力并支持我的导师。"确实，与他人建立良好的关系永远都是保护和培养自信以及改善职业前景的好方法。

无论你是决定退出与同事的不良竞争，还是直接处理他们的欺侮行为，下面这些词句都可以帮助你予以应对。

理解他们的牺牲

"我很尊重你取得这一成功所付出的努力。我想这并不容易。"

"我认识到，和我现在的处境相比，你当时处在我的位置上时可能更难一些。"

"我知道在我们这个领域很多达到你这个水平的人都不得不做出牺牲。是这样吗？"

直接处理紧张关系

"我担心我们从一开始关系就没处好。"

"我想谈一谈我们之间的关系。有时我觉得这样毫无意义，我想知道我能做些什么来改变它。"

"我真的很希望我们的关系更牢固。有什么我能做的吗？"

专注于共同目标

"我知道我们都希望这个项目能按时完成。我们能谈谈如何通过合作来实现这个目标吗？"

"我们可以一起让团队（或部门）看起来很出色。"

"我想如果我们一起来做这件事，我们会非常成功。"

· · ·

　　我们再来看下朱莉娅对她老板西莱斯特尝试过的方法。她发现当她把西莱斯特想成是在帮她时，她就更加容易接受西莱斯特的要求了，但她需要明确一些底线。例如，她不想在度假期间工作或缩短产假。所以她采取了直接说的方式，但在此之前，她先对西莱斯特和她做出的牺牲表达了理解。有一次他们提前结束会议，朱莉娅便趁机告诉西莱斯特，她对西莱斯特为事业所做的奉献深感钦佩。"我承认了她那一代人的灵活性和自由度比我们现在要少得多。"她告诉我。这也使得西莱斯特开始分享她为什么会以这种方式来对待自己的职业生涯，以及酒店管理行业的女性要取得成功是多么困难。朱莉娅正好借此引出自己的想法：现在情况已经改变了，她很感激自己不用像西莱斯特那样不得不做出牺牲，包括在假期工作、随时待命、把自己放在最后一位。这次谈话缓和了朱莉娅和她老板之间的紧张关系，现在当她拒绝西莱斯特的一些要求时，西莱斯特变得更加灵活，也更能理解了。

策|略|集|合
针对施虐者

要：

- 找到一个共同目标并专注于此，不要把注意力放在你们的消极关系上。
- 直接问对方你能做些什么来改善关系。
- 承认他们在职业生涯中做出的牺牲或经历的艰辛。

- 试着证明你有别人没有的价值，这样你就可以改变权力平衡，哪怕只是一点点。
- 确认是否存在偏见和刻板印象影响了你对同事行为的解读，特别是对方如果是女性的话。

不要：

- 忘记大多数人在工作中都会表现出攻击性，因为他们感受到了威胁。
- 试图与竞争意识强烈的同事比拼筹码；你可以通过拒绝加入竞争来更有效地消除他们的敌意。
- 让施虐者有机会使你质疑自己。
- 假设同事的施虐行为是性格缺陷造成的；相反，可以考虑一下其他潜在的原因。

第九章

持有偏见的同事

"你为什么这么敏感？"

阿利娅在一家大型全球媒体公司工作了七年，这期间她换过六七位不同的领导。"老实说，有些时候我都记不太清当时的境况了。"她告诉我。这些领导中大多数都"还好"，有一些还会支持阿利娅以及她想成为销售开发总监的愿望。但有一位叫泰德的领导，她觉得特别难应付。她从一开始就能看得出来，泰德在她身边不太自在。她说："他好像总是在小心翼翼地措辞，这很讽刺，因为他说了很多愚蠢的话。"

泰德经常重复的一句话是："你应该多微笑。"可当阿利娅指出他可能不会对男同事这么说时，泰德又说她"让人难以理解"。

她试着不去理会他的话，可她越是置之不理，泰德就越是固执己见。他甚至用一种嘲弄的自白口吻说，他被她吓到了。阿利娅告诉我说："他试图让这听起来像是因为我取得的'成就'，但很明显，他也在影射我是一名黑人女性的事实。"

泰德的言论显然带有偏见。这些评论让阿利娅开始怀疑别人会如何看待她。当他的这种偏见在别人面前表现出来，以及在给阿利娅的正式绩效评估中有所体现时，其造成的伤害就会格外大。

也许你也遇到过阿利娅这样的情况，比如同事说了一些话让你立刻就觉得很不舒服。也许他们认为这只是在开玩笑或是在赞美，但这种言论并不恰当，甚至可能属于性别歧视、跨性别恐惧、年龄歧视或种族歧视。

我们都曾因表现出偏见而感到内疚。我们可能无意伤害任何人。但这并不意味着像泰德那样的行为——让阿利娅感到被孤立、被误解、被妨碍——是没有问题的。

下面是一些你可能听过的带有偏见的陈述：

"你口才这么好呢！"

"每个人都能在这里获得成功，只要他们足够努力，只要他们把工作做好。"

"你知道谁谁谁吗？"（这里的"谁谁谁"往往指你们公司里代表性不足的群体中的某个人）

"我都被这些形形色色的代名词给弄糊涂了。我小的时候只有两种性别。"

"我不看肤色的。"

"当我用'gay'形容某个东西时，我可不是在说性取向哈。"

"你的头发今天看起来不太一样。这是你的休闲打扮吗？"

"你是哪里人？"

"你看起来还没到当（教授、经理、医生）的年纪啊。"

"我不喜欢'they'这个词的单数用法[①]（singular they），因为从语法上听起来不太正确。"

对于歧视行为，决定是否要面对、何时面对以及如何面对，这是很复杂的，尤其是你可能会担心自己因为处理不当而受到惩罚。这就是为什么职场中的偏见特别具有腐蚀性。解决偏见的责任不应该落在阿利娅这样受到偏见的人身上。但是，提供反馈有时是正确的，特别是你要经常和持有偏见的同事一起工作的话。

如果你发现自己和阿利娅的情况一样，也是在跟一个说着冷漠无礼的冒犯话的人合作，那你应该怎么说或怎么做呢？如果你是偏见的目标或旁观者，你的方法应该有何不同？

在我们开始探讨偏见行为的背景之前，请注意：我作为一名异性恋白人女性的身份意味着，尽管在我的整个职业生涯中，我一直都有经历不恰当的言论和性别歧视，但我没有种族歧视、同性恋恐惧症和其他压迫形式的直接经验。因此，我会依据那些直接经历过这些不公平行为的学者和从业者的专业见解，在这里提供我的理解和建议。你将看到他们的研究在本章中得到反映和引用。

[①]"they"的单数用法：原先"they"在英语中作为代词指代"他们""她们"和"它们"的复数概念，2019年美国《韦氏词典》对该词添加新的两条释义：表示不特定性别时第三人称单数；指代一个性别认同超越男性女性这种二元划分的人。该用法的英语学名叫作"singular they"，即"单数的'they'"。在本文这里是指说这句话的人对非二元性别的人存在隐性偏见。——译者注

偏见行为的背景

偏见有显性和隐性两种表达方式。如果泰德对阿利娅说，"我不喜欢和你一起工作，因为你是一个黑人女性"，这就是偏见的一个明显例子（而且可能违反公司政策，根据他们公司所在的国家或州的不同，这可能还会违反法律）。相反，泰德间接地表示，他和阿利娅一起工作不自在，这让阿利娅不得不怀疑这是因为她的种族或性别，或两者都有，又或者是其他什么原因。

在本章中，我将讨论一些经常会影响我们工作人际交往的比较隐晦的偏见形式。经历这些可能会特别痛苦，处理起来也会特别烦恼，因为它们可能是模棱两可的，或者伪装成看似积极的言论。

以斯坦福大学教授克劳德·斯蒂尔（Claude Steele）为例。在一次播客采访中，他分享了自己经历过的两次种族歧视，这两次经历相隔了几十年。首先，他回忆了自己的一段童年经历，当时一家高尔夫球场的员工用带有种族歧视的话语告诉他和他的朋友，他们永远不会在那里找到球童的工作，因为他们是黑人。后来读研究生的时候，他从来都不知道他的白人同事和教授是如何看待自己的，也不知道他们对他不好是否出于种族歧视。斯蒂尔解释说，他对童年那件事的反应是"义愤填膺"，但他在研究生院遇到的这种不太明确的偏见反而让他觉得自己很渺小，还让他产生了自我怀疑。

"微妙的排斥行为"

隐性偏见通常被称为"微歧视"（microaggressions），这个词在过去几年里才得到广泛使用，但早在 1970 年它就出现在了学术论文中。美国哥伦比亚大学教授德拉尔德·温·苏（Derald Wing Sue）

写了一本关于这个主题的代表性著作。他将"微歧视"描述为"日常语言、非语言和环境上的有意或无意的轻视、怠慢或侮辱，仅仅因为目标人群的边缘化群体身份就向他们传达敌意、贬损或负面信息"。

多元、平等、包容（diversity，equity and inclusion，DEI）理念的专家蒂凡妮·贾纳（Tiffany Jana）和迈克尔·巴兰（Michael Baran）提出了一个不同的术语来描述这些行为：微妙的排斥行为（2020 年他们合著了同名书籍）。我喜欢这个术语的原因在于，它关注的是行为的影响——排斥，而不是行为的意图。当你的偏见同事问你"到底来自哪里？"时，对方可能认为自己并没有带着攻击性或偏见，但其实他们是在含蓄地表达"你不属于这里"。此外，"微歧视"中的"微"字暗含"这句话算不上什么大问题"的意思，然而在大多数情况下，它的确是个大问题。在本章中，这两个术语我都用了，因为大多数人还是更熟悉"微歧视"这个术语。

以下是这些微妙的排斥行为最常见的一些形式，见表 9–1。

- **智力预判**（ascription of intelligence）。当某一特定群体的人拥有一种（通常是积极的）技能或特质时，这一类言论被用于表达惊讶，比如经典的"他口才这么好"。这些话表面上看起来鼓舞人心，但言下之意是，你已经超出了人们的预期，因为你的身份是女性、宗教少数派、移民、第二语言使用者①、残障人士等。包括《中止偏见》的合著者琼·威廉姆斯在内的许多研究人员已经表明，来自被低估群体的人必须一次又一次地证明自己有能力，而白人男性和其他有影响力的人则不需要这么做。

---

① 第二语言使用者：即非母语者。——译者注

- **乱贴标签**（mislabeling）。威廉姆斯还谈到了许多女性和少数族裔不得不如履薄冰，因为他们被人认为可接受的行为范围比较窄。举个例子，人们认为领导者应该坚定自信，但女性往往因为表现出这些特质而受到惩罚。同样，许多黑人专业人士谈到，即使他们是在正常表达兴奋或失望，他们的情绪也会被贴上"愤怒"的标签。

- **"善意"的偏见**（"benevolent" bias）。这种偏见指的是有人看起来是在"照顾"你，实际上是在阻碍你。比如一位领导给他的直属女部下含糊的反馈，因为他认为她无法承受建设性批评，或者因为他害怕看起来不支持有色人种女性。这种"善意"的偏见通常会针对残疾人，因为管理者认为他们无法满足工作中的某些要求。

  当我刚进入管理咨询行业时，一位高级顾问在去见客户的电梯上告诉我："我意识到，当我化了妆时，别人会更加认真地对待我。"我从电梯的镜壁里看着自己朴素的脸。在人生的那个阶段，我只化过一次妆（参加高中毕业舞会）。我并不怀疑我的同事是想要帮助我，但她却在一个重要的客户会议之前削弱了我的信心，而且向我传递了这样的信息：为了成功，我需要遵守某种性别规范，即使我不喜欢。

- **过分熟悉**（overfamiliarity）。有时在称呼或描述同事的时候，人们会用一些词语来表达贬损或实际根本不存在的亲密。称呼女性同事为"亲爱的"或称呼黑人同事为"老兄"（bro[①]）

---

① bro：是"brother"一词的简写，黑人见面时互相打招呼喜欢说"Hey bro!"，可以算是黑人独有的一种文化，所以如果是在关系不亲密的情况下管黑人叫"bro"，可能会被怀疑有种族歧视的意思。——译者注

就属于这一类。关于这种过分熟悉的行为，目前已有很多相关论述。例如，艾拉·贝尔·史密斯（Ella Bell Smith）和斯特拉·恩科莫（Stella Nkomo）两位教授为他们的著作《各自的方式》（*Our Separate Ways*）所做的研究表明，可能白人女性会觉得自己与黑人同事之间的关系很亲密，但黑人同事自己往往不会有同样的感觉。这种假装的熟悉贬低了关系的真实性，人们所声称的亲密其实根本不存在。

- **假设**（基于表面身份）。这类言论包括对跨性别同事的性别误判，假定一位亚裔同事不是在英语环境中长大，或者假定一个年轻貌美的女性是助理，这些基于刻板印象的假设否定了人们的个人身份。我自己就犯过这种微歧视错误，而且可能比我意识到的次数还要多。例如，我最近问一位拉丁裔同事，她是否来自一个大家庭。我一看到她微微皱眉，就意识到我这是根据她的背景做出了一个无礼的假设。我大概不会问白人同事同样的问题。

- **精英体制的神话**[①]（myth of meritocracy）。"微歧视"的最后一类是巧妙地否认偏见存在于组织或团队中。也许你的同事会抱怨人们过于关注种族、性别或"身份政治"[②]（identity politics）。

---

① 精英体制的神话：认为精英体制（meritocracy，又译作"精英主义、精英社会、英才管理制度、精英政治、任人唯才等"）或依靠个人努力和才智取得成功或阶层提升的观念因为固有矛盾而无法广泛实现。——译者注

② 身份政治：也叫认同政治，人们结成某种排他性的社会政治阵线，以推动某个特定群体的关切、诉求和权益，而这些特定群体通常是以"身份"或"认同"来划分的，如种族、民族、性别、性取向、年龄、阶级、宗教、语言、文化等。身份政治一般旨在为边缘群体争取更大的政治权利和社会地位。——译者注

也许他们会为使用老套或贬义的运动队名辩护[1]。他们也可能会承认，歧视会出现在其他地方，但不会出现在你们公司，比如他们会这么说："我很高兴我们是在精英体制下工作"或者"我们很幸运，这样的事情不会发生在这里"。

那是什么导致人们陷入这些歧视模式的呢？

表 9-1　微妙的排斥形式

歧视类型	定义	举例
智力预判	对某人拥有某种特质深表惊讶	"你口才这么好呢" "你英语说得这么好啊"
乱贴标签	在多数群体成员身上属于可接受的行为被贴上了"消极"或"不专业"的标签	"你最好控制一下你的愤怒" "人们都说你太专横了"
"善意"的偏见	因为某人的身份而假设对方不能胜任或对某件事不感兴趣，并认为他们需要保护	"我猜她可能不会想要参与这个项目，因为要经常出差，而她还要照顾家里"*
过分熟悉	使用带有贬损或暗含虚假的熟悉或亲密感的短语或词语	称女性为"亲爱的"或称黑人同事为"老兄"
假设（基于表面身份）	基于刻板印象做出假设或否认某人的个人身份	"你看起来还没到当（教授、经理、医生）的年纪啊"
精英体制的神话	表现得好像偏见或歧视根本不存在	"我不看肤色的" "我们很幸运在精英体制下工作"

* 像这样的言论通常与威廉姆斯所说的"母性围墙"有关，有孩子的女性其工作投入度和能力会受到质疑，或者因为把事业放在首位而遭受反对。详见琼·C. 威廉姆斯，《母性围墙》（The Maternal Wall），《哈佛商业评论》，2004 年 10 月。

---

　　[1] 国外一些体育运动的团队名称存在种族歧视的争议，比如 2020 年美国国家橄榄球联盟（NFL）华盛顿特区红皮队宣布要更换名称和标志，因为"红皮队"这个名字长期以来被美洲土著群体指责含有种族歧视的意味。——译者注

偏见同事的动机

在其他章节中，我已经探讨了一些难相处同事行为背后可能存在的动机。然而，对于这种类型，没有什么解释可以简单地说明。与其他形式的偏见一样，认知惰性是部分原因。如果我把我的一个印度同事和另一个搞混了，即使他们长得一点都不像，那是因为我的大脑已经采取了一种心理捷径来保存能量。但实际情况要复杂得多，而且并非完全无害。这条捷径受到社会、社会学和历史因素的影响，包括白人至上主义和系统性种族主义。（如果你想了解更多关于工作中的种族主义，有很多文章、书籍和专家可以参考，其中有许多对我的理解也产生了影响；请参阅补充介绍"关于工作中的种族主义书目参阅"。）

关于工作中的种族主义书目参阅

如果你想了解更多关于职场中的种族主义以及可以尝试的解决办法，那么我想推荐以下这些带给我很大收获的书：

- 《种族、工作与领导力：黑人经验的新视角》（*Race，Work，and Leadership：New Perspectives on the Black Experience*），作者：劳拉·摩根·罗伯茨（Laura Morgan Roberts）、安东尼·J.梅奥（Anthony J. Mayo）和戴维·A.托马斯（David A. Thomas）
- 《消除制度偏见：如何为组织包容性创造系统性变革》（*Erasing Institutional Bias：How to Create Systemic Change for Organizational Inclusion*），作者：蒂凡妮·贾纳（Tiffany Jana）

和阿什利·迪亚兹·梅贾斯（Ashley Diaz Mejias）

- 《如何成为反种族主义者》（*How to Be an Antiracist*），作者：伊布拉姆·X.肯迪（Ibram X. Kendi）

- 《所以你想谈论种族》（*So You Want to Talk about Race*），作者：伊耶玛·奥洛（Ijeoma Oluo）

- 《白人的脆弱性：为什么白人谈论种族主义如此困难》（*White Fragility: Why It's So Hard for White People to Talk About Racism*），作者：罗宾·J.戴安格鲁（Robin J. DiAngelo）

- 《你想成为的人：好人如何克服偏见》（*The Person You Mean to Be: How Good People Fight Bias*），作者：多莉·丘格（Dolly Chugh）

- 《更公正的未来：反思过去和推动社会变革的心理学工具》（*A More Just Future: Psychological Tools for Reckoning with Our Past and Driving Social Change*），作者：多莉·丘格（Dolly Chugh）

- 《刻意包容》（*Inclusion on Purpose*），作者：鲁奇卡·图什安（Ruchika Tulshyan）

关于这个主题的新文章和书籍会定期出版，所以一定要咨询推荐并寻找最新版本。

随着显性偏见在许多工作场所越来越不被社会接受（谢天谢地），微歧视和其他形式的隐性偏见已经成为人们表达偏见的主要渠道。美国心理学教授莉莉娅·科蒂娜（Lilia Cortina）认为，像打断同事或居高临下地说话这种无礼行为很容易就能解释清楚。欺人者很容易声称是自己粗心大意，或将这种冒犯归咎于他们的"鲁莽"性格，而与对方的种族、性别或外表没有任何关系。人们

往往能够逃脱隐性歧视的惩罚，而且还认为自己没有偏见。

在很少有面对面交流的远程办公环境下，我可能会看到更多的偏见行为。虽然发生在走廊或食堂的偶然互动变少了，但是还有大量可以发表不恰当言论的地方，如 Slack 频道 [1] 或群组短信，而且人们也确实会这么做。由于一种叫作"网络去抑制效应"（online disinhibition effect）的现象，人们往往会更大胆，因为他们可以躲在键盘后面。当我们在网上互动时，我们会感到不那么拘束，也能更加安心地表达一些不会当面说的话。

有时，我们很难想起种族主义思想和其他压迫性思想体系是如何彻底渗透到我们的职场中的。乔治·弗洛伊德 [2]（George Floyd）被明尼阿波利斯警官德雷克·肖万（Derek Chauvin）谋杀后不久，学者伊布拉姆·X. 肯迪提出了一个形象的比喻。生活在美国（尽管这也适用于其他地方），我们经常被种族主义思想的雨水"淋湿"。正如肯迪解释的那样："你没有雨伞，你甚至不知道你被那些种族主义思想'淋湿'了，因为这些思想本身会让你相信你的身上还是干的。"直到有人递给你一把雨伞，让你意识到自己的权利，你才会发现原来你早已湿透。

我分享这个比喻并不是为你同事的偏见行为开脱，而是为了

---

① Slack 频道：Slack 是由 Slack 技术所开发的一款基于云端运算的即时通信软件和团队协作工具，它允许组织创建特定的域并在公共或私人的单独频道中讨论工作主题，整合了电子邮件、短信、Google Drives、Twitter、Trello、Asana、GitHub 等 65 种工具和服务。——译者注

② 乔治·弗洛伊德（1974 年 10 月 14 日—2020 年 5 月 25 日）：男，非洲裔美国公民，得克萨斯州休斯敦市人，5·25 美国警察暴力执法事件死者，生前是明尼阿波利斯一家小酒馆的保安。2020 年 5 月 25 日，以德雷克·肖万为首的四位美国警察暴力执法致其死亡，终年 46 岁。——译者注

表明造成这些行为的信念会多么地根深蒂固。每个人都有偏见，我们自己很难发现它们，这使得我们很难采取措施来消除这些偏见，这或许也能解释为什么你的同事很难看到他们造成的伤害。

微歧视的代价

研究表明，微妙的排斥行为会给接受方带来无数的心理和生理后果。正如艾拉·华盛顿（Ella Washington），艾莉森·霍尔·伯奇（Alison Hall Birch）和劳拉·摩根·罗伯茨（Laura Morgan Roberts）三位教授所写："微歧视看起来很小，但随着时间的叠加，它们会对员工的体验、身体健康和心理健康产生有害影响。"有大量研究表明微歧视与消极的心理健康结果之间存在联系。例如，在工作中受到歧视的人更有可能出现抑郁和焦虑症状。由压力引起的肥胖和高血压只是记录在案的身体后果中的一小部分。

你的生活也会付出潜在代价。正如《刻意包容》一书的作者鲁奇卡·图什安告诉我的那样，排斥他人的言论"不只会影响感受。当刻板印象被强化并持续存在的时候，它会对你的职业生涯产生影响：你的薪水高低，你的晋升机会如何，以及谁会认为你有领导潜能"。

研究表明，隐性偏见比公然歧视造成的伤害更大。原因有以下几点：第一，处理一个模棱两可的陈述，比如"你的口才这么好呢"，这会占用你的认知资源，因为你需要分辨这是在赞美你还是在挖苦你。第二，微歧视比公然歧视要常见得多（在大多数工作场所），因此经历前者的可能性更大。许多小的冒犯，其影响会随着时间的推移而累积。第三，你通常没有什么可利用的资源。

针对微歧视行为，你很难告发，更别说起诉了，所以你只能自己想办法解决问题。

如果别人让你觉得微歧视是你自己臆想出来的，那么代价就会成倍增加。在和有偏见的同事打交道时，你可能听到过以下这些话：

"他不是真心的。"

"她跟你不是一代人。"

"他就是烦人而已。"

"你开不起玩笑吗？"

将微歧视的受害者定性为过于敏感或过于政治正确会进一步加剧伤害，或产生"煤气灯效应"①（gaslighting），导致人们怀疑他们的经历是否真实发生，或者他们的反应是否恰当。

除了对你和你的健康以及职业生涯造成潜在影响之外，同事的偏见言论还会通过侵蚀归属感和心理安全感以及强化排斥等形式，对组织产生消极影响。当然，这会导致员工工作投入度、生产力和留任率下降。所有这些都意味着，领导团队仍然是以白人和男性为主，因为那些觉得自己属于这里的人才更有可能步步高升。

了解了隐性偏见可能造成的损害以后，现在需要做的就是当这些行为发生时，中止它们。但与这种类型的同事相处起来并不

---

① "煤气灯效应"：是指对受害者施加的情感虐待和操控，让受害者逐渐丧失自尊，产生自我怀疑，无法逃脱。这是一种心理操控手段，受害者深受施害者操控，以至于怀疑自己的记忆、感知或理智。——译者注

总是那么简单。在决定是否以及如何应对这种行为时，我们先来看看你需要向自己提出的几个问题。

问自己几个问题

通常，本节内容会帮助你审视你和难相处同事之间的关系，了解你在其中发挥的作用。但要是涉及种族主义和性别歧视这样的问题，那别人存在这种问题跟你一点关系都没有。如果你能帮助同事纠正他们的偏见，那你实际上是在帮他们的忙。因此，在这里，我将重点讨论能够帮助你选择适当策略的一些问题。

你是被歧视的目标吗？还是旁观者？

发现微歧视行为并勇敢发声的重担往往会落在代表性不足的群体身上。这是不应该的。正如伦敦商学院的心态和偏见领域专家阿妮塔·拉坦（Aneeta Rattan）所解释的，"我们从大量研究中看到的是，盟友在识别偏见方面并没有那么快速，也没有做好准备。他们可能没察觉或者根本没有注意到。"我们所有人都应该警惕偏见，当有人发现偏见时，我们要相信他们。

如果某个微歧视行为是针对你的，那么是否值得冒险发声取决于你自己（下一节"有哪些风险？"会更多地介绍如何预估风险）。然而，要是你目睹了这一事件，你就有更大的责任说出来。拉坦说："盟友和支持者必须明白，无论你面临怎样的风险，对于被歧视群体的成员或歧视言论的接收者而言，他们面临的风险只会更大。"

有研究强调了为什么旁观者发声如此必要。如果你和冒犯者有相同的身份标志，比如种族、性别或在公司的职位，那么你就更有可能被视为极具说服力，而且也不太可能因此被解雇。在一项研究中，当指出种族偏见言论的人也是个白人时，白人会更容易信服。而同样的言论换成一个黑人说时，他们就更容易觉得对方粗鲁。

需谨记，感觉不安并不等同于感觉不安全。作为旁观者，只有当你的安全或被攻击者的安全受到威胁时，你才应该选择忽视偏见言论。我们每个人都有道义上的责任去发声，特别是当我们的身份赋予了我们特权，而被攻击者不曾享有这些特权的时候。

有哪些风险？

在许多组织中都有一个有趣的悖论。随着人们对系统性偏见的认识日益增加，公司在建设多元、包容的员工队伍方面投入了比以往任何时候都要多的资源，然而对许多员工来说，谈论种族主义、性别歧视或其他形式的偏见往往会让他们觉得很危险。这样的对话看起来可能就像雷区，相比于其他形式的无礼行为，歧视反而更难被大声指出来。

考虑一下如果你要面对某个带有偏见的同事，什么样的问题可能会出现，这一点非常有用，因为这会涉及重大风险。但我也建议你考虑一下不发声的风险。

发声会有什么风险？公开处理偏见是对现状的挑战，可能会影响你与同事或老板的关系，影响你的绩效评估、工作分配，甚至不一定能保住工作。因此，你可能会感受到社会压力，从而选择礼貌克制、不予回应。

仔细想想你的偏见同事可能会作何反应。他们会不屑一顾吗？（"你反应过度啦，这只是个玩笑。"）还是为自己辩护？（"你在指责我什么？"）问问你自己：这个人通常是如何应对质疑的？他们通常有自知之明吗？他们对反馈持开放态度吗？他们有权影响你的加薪、晋升或奖金决定吗？他们会在有影响力的领导面前说你的坏话吗？他们会阻碍你的想法或项目吗？他们会如何损害你的职业前景或声誉？对于要面临的危险，你必须有一个客观的认识。

不发声会有什么风险？与此同时，问问自己保持沉默的后果。对一个偏见言论不作任何反应也许会违反你的个人价值观。如果你对这种行为视而不见，你可能无意中纵容了它，也可能错过一次"教育"同事的机会。研究表明，直接对峙攻击性言论可以有效地防止将来再次出现这种言论。

你所处的位置有影响力吗？如果是，那你的沉默将会带来更大风险。领导者承担着最终责任（在某些情况下，还有法律责任），他们需要确保工作中没有人感到威胁。图什安说，那些"有能力创造一个更好、更包容的工作环境，让人们可以全身心投入工作的人，应该尽可能地利用他们的权力"。如果有人因为自己或别人受到了言论针对而生气或不安地跑来找你，不要无视他们，要好好倾听，然后找出应对这种情况的最佳方法。

最后，如果你是被歧视的一方，那么你可以自己决定说出来还是随它去，你应该针对每种不同的情况做出对自己最有利的选择。

需要立即回应吗？

时机是另一个重要的考虑因素。这种冒犯需要你立即解决吗？有个很好的经验法则就是，优先考虑你自己的安全和幸福。

图什安告诉我，她曾经遇到过一位优步司机，他对她的长相发表了不恰当的言论。她想让司机住口，但她考虑到自己还坐在他的车里，而且旅程结束时，他会知道自己住在哪里，所以她决定先不理会这些言论，以保护自己的安全。等到她安全下车以后，她才去优步应用程序上提交了反馈。

正如华盛顿等几位教授所写的："别勉强自己对每一个事件做出反应；相反，当你决定应该这样做而且有能力这样做时再去做……你可以控制这件事对你的生活和工作的影响——你将从这次应对中得到什么，以及你能承受怎样的代价。"

当目睹微歧视行为时，你需要尽早解决它。不要默许这种行为。事后再去面对冒犯者仍然是有意义的，但不是最佳的方式；只听到你最初反应的人可能并不会知道你事后的处理方式，他们还是会因此产生不安全感。

我的公司文化是否鼓励发声？

当然，如果你在一个鼓励人们发声的地方工作，那么坦率地解决同事的偏见行为要容易得多。特别是在 2020 年乔治·弗洛伊德遇害以后，许多组织公开承诺反对种族主义。但是，一份公司声明不一定能保证每个人的安全，关键还是在于公司领导人是否能始终如一地积极支持多样性和包容性。你以前见过有人质疑偏见吗？

勇敢发声的一个强有力的好处就是，你将帮助建立健康、包容的组织规范，向别人表明指出偏见是可以接受的，而且也是更可取的选择，从而让其他人将来能够更安心、更自在地指出偏见。

我应该上报这件事件吗？

不幸的是，许多工作场所并不认为微歧视违反了反骚扰或多元、平等、包容理念。尽管如此，向你的领导或人力资源部门上报这件事仍然可能有帮助，这取决于问题的严重程度以及你是否认为升级能让问题得到有效解决。

在上报歧视行为之前，《你想成为的人：好人如何克服偏见》一书的作者、纽约大学教授多莉·丘格建议思考以下问题：这是一次单独事件还是一种行为模式？升级会让事情变得更好还是更糟？这种行为是否妨碍了你或其他人的工作？丘格说："如果这让你越来越想去查看求职网站、更新你的简历，那么这就表示存在严重问题，这时你可能有必要向你的领导提出。"你能证明你的同事正在营造一种充满敌意的工作环境吗？如果真是这样，那么这可能会产生法律后果，特别是在美国。

还要问一下自己：你能找到一个充满同情心的倾听者吗？是否有高层人士愿意提供帮助，而且有能力提供帮助？你还可以与你信任的人一起仔细研判情况，从而获取关于升级事态的利弊分析。

在思考了上面这些问题以后，如果你最终决定说出来，那么下一节中的策略将帮助你展开对话。

可以尝试的策略

根据你所处的位置不同——偏见接受方还是旁观者，你所使用的反偏见策略也会不同。在本节中，我将指明每种策略适用的场景。

培养成长型心态

面对偏见时，人们会很自然地想，"这个女人明显讨厌酷儿人群"或"简直不敢相信我要和这样一个种族主义者共事"。当我们觉得自己没有被人性化对待时，我们会绝对地认为人们从根本上就是偏执的，不会想到他们这种偏见的想法是可以改变的，以及出现这种反应是完全可以理解的。然而，阿妮塔·拉坦的研究表明，拥有成长型心态或相信人们拥有学习和改变的能力，这会增加我们对抗歧视的动力。在她的研究中，相较于那些思维固定且不会发声的人，拥有成长型心态且会指出偏见行为的女性和少数族裔的态度不那么消极，也因此更能保持工作满意度和归属感。拉坦建议，提醒自己每个人都有能力成长的一个方法就是保持好奇心，告诉自己："我想了解为什么他们认为这样说是可以的"，或者"我想了解他们怎么会有这种想法"。好奇心能够帮助我们保留判断，直到我们收集更多信息。

丹尼尔在对待他的客户卡罗尔时最终采用的就是成长型心态。丹尼尔是一家猎头公司的合伙人，而卡罗尔是一家青年教育组织的创始人。卡罗尔的言论和要求经常使他大吃一惊。她曾要求丹尼尔的团队找到求职者的照片，以便看看他们的长相。她还询问了一名应聘者的年龄，评价另一位面试者"穿得像个阿米什人[①]"，还担心黑人女性的肤色可能会让人们不把她当领导看待。这些言论让丹尼尔和他的团队感到不太舒服。但他并没有认为卡罗尔就是一个秉性难改的人，而是尽量关注她需要了解的事实以及可以

---

① 阿米什人：美国和加拿大安大略省的一群基督新教再洗礼派门诺会信徒，以拒绝汽车及电力等现代设施，过着简朴的生活而闻名。——译者注

改变的观点。他告诉我："我不想对她的意图或道德品质做出假设……，我的父母有时也会说类似的话，所以我知道好人也难免会说一些不恰当的话。"他在提醒人们注意她的不当言论时就使用了这种心态（稍后会详细介绍）。

接受你的情绪反应

当你成为冒犯行为或言论的目标时，感到生气或困惑是正常的。《共同的姐妹情谊》（*Shared Sisterhood*）一书的合著者、巴布森学院（Babson College）教授蒂娜·奥佩（Tina Opie）这样说道："当有人做了践踏你的身份或否认你的人性的事情时，愤怒是一种自然反应。"她建议冷静下来，想清楚发生了什么。在决定如何做之前，给自己时间审视自己的情绪反应。不要怪罪自己。正如华盛顿等人所写，"允许自己去感受情绪，无论是愤怒、失望、沮丧、恼怒、困惑、尴尬、疲惫还是其他感受。任何情绪都是合理的，都应该成为你决定是否回应、如何回应以及何时回应的考虑因素"。

提前做好回应的准备

我们大多数人都以为遇到偏见时我们会大声说出来。但研究表明，情况并非总是如此。在那一刻，你很容易感到无法回应，或者为不发声找到很多理由："我不想引起骚动""这没什么大不了的""他们平常是个好人"，等等。为了对抗这些自我保护的本能，你可以提前演练一下要说的话，还可以准备几句话以备不时之需，比如"我不确定你是真的想这么说"或"这是一种不公平的刻板印象"。提前做好回应的准备可以帮你打破沉默，勇敢发声。

提问

用一个问题来回应也会有效，比如"你这么说是什么意思？"或者"你的依据是什么？"，你甚至可以要求一位带有偏见的同事简单地重复一下他们说过的话。这或许能促使他们仔细思考自己想要表达的意思，以及他们的话在别人听来会是什么感受。这能帮助你辨别他们的真实意图。

多莉·丘格把问这样的问题称为"装无知"，她说这种方法可以促使人们解释自己，从而使他们更加难以隐藏在隐晦的偏见后面。例如，如果一位新客户向你的团队做自我介绍，而你的一位同事对他们的姓氏发表了这样的言论，"埃斯科瓦尔 ① （Escobar），就像那个大毒枭！"，这时你可以问他"是什么让你把她的名字和毒贩联系起来的？"，如果他说"因为他们拥有同一个姓"，那你可以指出很多人都是这个姓氏。丘格建议带着真正的好奇心提问，用"是什么"来提问，不要用"为什么"，这样听起来不会那么具有挑衅性。"是什么让你这么说？"听起来更顺耳，而"你为什么这么说？"听起来则像是指责。问话要简短。她说："你说的词越多，听起来就越像是发表观点或是攻击，而不是在真诚地发问。"

实事求是

人们经常对自己的过失毫无知觉，所以你可以向他们解释原因或告诉他们你受到的影响，让他们明白这种言论是不恰当的。你可以用"我"字开始陈述，告诉对方你的感受，并请他们从你

---

① 埃斯科瓦尔：该名字与臭名昭著的哥伦比亚大毒枭巴勃罗·埃斯科瓦尔同名，他是有史以来最嚣张的毒枭，曾被《财富》杂志评选为全球七大富豪之一。——译者注

的角度思考一下，或者用"这"字开头，以此来限定一个不宜逾越的界限。例如，"称一个成年女性为女孩，这是不礼貌的"或"这句话冒犯了穆斯林"。避免使用"你"开头的句子来指责对方是个偏执狂。当人们感到羞耻、被攻击或被贴上错误标签时，他们不太可能听得进去你的话或改变自己的行为。

阿利娅就是这样应对她的领导泰德的，泰德一直鼓励她多微笑。于是她对他说："当你这么跟我说时，这让我感觉我需要伪装自己才能让你觉得自在。"她确信泰德这样做是在种族歧视或性别歧视（或两者兼有），但她知道，如果她使用这些词，他就会强烈反对。

要清楚地表明你的意图。比如你可以说，"我提出这个问题是因为我觉得可以放心地跟你直说，我希望可以跟你沟通，即使是对于敏感问题"。这也有助于承认一些微歧视行为是无意过失，而你相信对方不是有心的。这能减少他们的羞耻感，进而降低他们的防御性。

提前计划能让你更加有机会把信息巧妙地传达给对方。"情境–行为–影响"（situation–behavior–impact，SBI）的反馈模型提供了一个有用的框架：

- 指出具体行为发生的时间和地点（"情境"）："在周一的 Zoom 会议上，当我们准备结束时……"

- 然后，详细解释您观察到的情况，要尽可能具体（"行为"）："我听到你说你担心我们的新客户不会把艾伦当回事……"

- 描述该行为的后果（"影响"）："……这让我觉得不太舒服，因为我认为你是在暗示，因为艾伦年纪大了，别人会认为他已经落伍了。"

分享信息

如果同事不明白他们是如何引起冒犯的，那就提供一些信息，质疑他们的假设。例如，如果对方暗示某位女同事早退是在懈怠工作，那你可以这样说："前几天我看到一项有趣的研究，发现当职场妈妈离开办公室时，我们会认为她们是去照顾孩子了。可要是职场爸爸离开办公室，我们甚至不会注意到。你认为现在是这种情况吗？"（顺便说一句，这是一项真实的研究。）不过要避免让人觉得这是在被动攻击。要真诚地分享信息，而不是试图用偏见行为困住对方，你越是真诚，对方就越有可能质疑自己的假设依据。

丹尼尔对卡罗尔就是这样做的。他说："我觉得有必要谨慎处理，因为她是我的客户，但我也不能放任她的无知无觉。"最终，他选择直接而坦诚地面对她，主要是向她解释为什么她的行为有问题。例如，当她询问有关求职者的不恰当信息时，他回答说："我们不会要求提供这些信息，因为我们不会根据这些信息来做决定。我们关注的是能力。"有时他的回答会更加坚决。当她要求提供求职者的照片时，他说："请不要再让我们这样做了，这是不对的。"

对防御性反应做好准备

最好的情况是，你的同事听取了你的意见并感谢你的反馈。但是根据我的经验，他们更有可能采取防御姿态，至少一开始是这样。当丹尼尔指出卡罗尔的问题时，她就是这样的反应。有时她会否认自己存在冒犯行为，她会说："你一定是听错了。"

你的偏见同事可能也会做出类似的反应，他可能会否认你的话，或者声称你误解了他的意图。但是如果痛苦已然造成，那么施害者的意图是好是坏也就不重要了。

如果对方指责你过于敏感，或者为自己辩护说他没有任何恶意，那么明确地告诉对方他的陈述或问题是如何影响你的。例如，你可以说："不管你是什么意思，你的言论就是让我觉得你不重视我这个同事。"

如果你指出的行为不是针对你的，那么即使你的偏见同事做出了防御性回应，你也要坚持到底，这一点特别重要。丹尼尔说，他和卡罗尔的互动让他感到很不舒服，特别是当她否认有任何不当行为时。但随着时间的推移，他的投入似乎有所帮助。"她现在很少说无礼的话了，"他告诉我，"现在已经好多了。"

结成联盟

许多专家建议与他人合作来对抗偏见行为。你可以与团队或公司中的人联合起来，制定一个明确的协议来共同应对微歧视行为。当一些令人不安而又模棱两可的事情发生时，协议小组中的每个人都能向他人征询意见，以帮助确定是否需要采取行动。

这是在奥巴马的白宫团队工作的几名女性使用过的策略，用来应对开会时男性人数占优的情况。为了确保她们的想法不会被淹没或忽视（或被其他男性借鉴），她们约定使用"放大"策略。当其中一位女性提出了一个重要的观点时，另一位女性就会重复这个观点，并将其归功于最初提出该观点的女性。这迫使房间里的每个人都承认这一贡献，并防止其他人窃取功劳。

研究表明，集体为不公正发声更加有效，因为负责人不能把这些投诉当作来自"一个心怀不满的员工"而不予理会。而且如果有人支持你，你也许能更加安心地提出问题。因此，要经常和那些可能对你同事的行为同样感到不安的人进行沟通。即使你不是偏见言论的针对目标，你仍然可以主动与那些受到偏见的人结成联盟。这样的话，那些属于被低估群体的同事在注意到你可能忽略的偏见行为时就能向你求助。

即使在私底下，也要指出偏见

一些微歧视和偏见行为是在私底下发生的。可能是某个男性私底下说的带有性别歧视的话，也可能是跟经理讨论绩效时的一句含有挖苦意味的恭维话。不要因为这些是私底下发生的就听之任之。即使目标当事人不在场或没有听到这些攻击性言论，解决偏见问题也同样不可忽视。如果开会时有人说，"我们很幸运，团队中有一位年纪大的女性能管束我们"，那你可以通过强调这名女性的成就和能力来反驳："我觉得，这好像跟她的年龄和性别没什么关系吧，我只知道，自从她开始领导我们，我们的产品线利润增加了20%。"

我们每个人都有责任去创造一个更包容、能获得更多支持的工作环境，我们要利用每一个机会，而不仅仅是在潜在受害者遭遇不公正对待的时候。

词 | 句 | 借 | 鉴

提出问题，为自己争取时间，评估意图

"你说……，是什么意思呢？"

"你那句话的意思是什么？"

"你这么说的具体意思是什么？因为我不确定我理解了。"

"这有可能会被误解。你能解释一下是什么意思吗？"

"你的依据是什么？"

"你能详细说明一下你的意思吗？"

"你能解释一下你说的 XYZ 是什么意思吗？"

"等等，我需要反应一下你刚才说的话。"

强调意图

"我想这不是你的本意。"

"建议一个女人多微笑可能会无意中冒犯对方，我知道你肯定不想这样。"

"我知道你很在乎公平。但这样做只会违背你的本意。"

直说

"这样说是不礼貌的……"

"这种说法是基于一种刻板印象。"

"我希望你不要再让我听到这样的话。"

"对此我无法接受，因为尊重你，所以我才告诉你。"

"这让我感到不太舒服。"

"这一点都不好笑。"

"你知道你的话听起来给人什么感受吗？"

告知你的同事

"我知道你是想表达赞扬，但可惜这与一个更大的历史背景有关，就是人们往往会对（亚洲人、女性、残障人士）不能（或不应该）……而感到惊讶。"

"我注意到你说了（偏见言论）。我以前也这么说，但后来我发现……"

"我想知道你是否考虑过（女性、有色人种、酷儿人群）可能会有不同的感受？"

· · ·

阿利娅最终和她的领导泰德说清楚了问题，但在此之前泰德又有一次越界了。在一次会议上，他们的团队正在讨论如何回应客户的投诉，泰德觉得人们反应过度了，就在大家沮丧的时候，他说："我们在担心什么？公开私刑①（public lynching）吗？"一阵尴尬的沉默之后，阿利娅和房间里唯一的黑人同事快速交换了一下眼神。她告诉我，她当时正在思考要怎么说，而泰德却开始若无其事地继续说话。好在她的另一位同事说了出来："我觉得不太舒服，我认为我们需要谈谈刚才发生的事。"

起初，泰德试图解释说，他的话并没有别的意思。但在阿利娅的团队成员解释了为什么这句话让人不舒服之后，泰德深吸了一口气，并为他说的话道歉了。他还为自己试图掩盖此事道歉了。后来会议就此结束了，阿利娅的几位同事给她发了电子邮件，或者来到她的工位旁，问她有没有事。泰德有几天刻意避开了她，

---

① 公开私刑：美国长期存在种族歧视及种族主义私刑问题，根据有关数据，从1865年到1950年的80多年里，有近6500名美国人遭私刑杀害，其中大部分人是非裔，近现代也不乏针对黑人的私刑、威胁私刑事件，2020年造成轰动的弗洛伊德之死便是公开私刑的典型案例，所以文中泰德提到公开私刑，会给人以种族歧视的感受。——译者注

但最终还是要求和她见面。他告诉她，他现在明白了说她难以理解、不爱笑之类的话可能会伤害到她。他让她继续指出他的偏见行为，还说他下定决心要多学多了解。

对此阿利娅很是吃惊。"我几乎要放弃他了。"她告诉我。她承认，她不确定如果他们的白人同事没有指出他的越界行为，他会不会改变，但她认为是什么导致了他转变观念，这一点并不重要。"他不再给我造成困扰，这是我最关心的。"她说。因为新一轮的组织变动，泰德很快就被调到了另一个部门，阿利娅又有了新的领导。但泰德仍然会经常联系她，甚至帮她做了升职推荐，她也成功获得了晋升。

策│略│集│合│

针对有偏见的同事

要：

- 仔细考虑你是否愿意发声，权衡这样做的成本和收益。
- 认识到如果你拥有权力或特权，你就有责任处理攻击性言论，并创造一个安全、包容的工作环境。
- 提出问题，促使有偏见的同事反思他们所说的话，从而消除误解。
- 准备一些词句，这样等到微歧视行为猝不及防出现时，你就可以使用。

不要：

- 假设你的同事无法改变。
- 忘记思考指出微歧视行为可能付出的代价，如果你是被歧视对象，这一点尤为重要。

- 假设对方知道自己是在冒犯别人；他们可能并不知道。

- 指责对方存在种族歧视、性别歧视或任何其他形式的偏见；这将使大多数人进入防御状态，而且从长远来看，这也不太可能改变他们的行为。

10

第十章

办公室政治操弄者

"如果你不前进，就会落后"

欧文以为他的同事克拉丽莎是站在他这一边的。他在一所小型大学担任英语系主任，在他第二个孩子出生后，他请了一个学期的陪产假，克拉丽莎同意帮他暂时顶替。然后，在他离开几周后，他从两个同事那里分别听到，克拉丽莎在一次会议上说，她希望在欧文"准备好离职"或"决定不回来"时接替他的主任一职。这让欧文有点紧张（他很想回到自己的位置上），尽管他很高兴，如果他准备好辞职，他会有一个称职的继任者。

然后又过了两周，克拉丽莎给他打电话，说系里要为大学审查委员会完成一项评估，本来他们已经同意推迟这个评估的。他回忆道："当时她压力太大了。"这是一次事关重大的审查，将决定系里的经费，也将克拉丽莎推到了学校的几位高层领导面前。于是，他跟她打了几个小时的电话，向她解释需要做什么，并同意提供帮助。他解释说："在电话里，我同意负责 3/4 的工作，但我当时立刻就意识到，在功劳认领上会出现问题。"因为她希望每件事都经过她，而且"已经开始称之为'我的报告'，还抱怨'我得完成所有跑腿的活儿'"。

欧文建议他和其他负责这份报告的人开个视频会议，在提交审查委员会之前把报告仔细检查一遍。在会议上，克拉丽莎一开始就"把草案当成是她的"。当一些同事对报告的某些方面提出异议时，克拉丽莎回应说"作为系主任……"。欧文说，这让他很生气，因为她不承认自己是"代理主任"，也不承认是他"做了大部分工作"。

欧文对克拉丽莎失去了信任，他觉得她在玩政治游戏，以此来推进自己的事业，而牺牲的却是欧文的利益。

当然，每个人都不得不在某种程度上参与办公室政治。我们互相竞争——为了升职、加薪、好差事和高管的关注。我们需要宣扬自己的想法和成就，以获得支持和经费。但是，如果你的同事一心只想出人头地，为达目的不择手段呢？

下面是你可能会遇到的野心勃勃的同事的一些行为：

- 吹嘘自己的成功。
- 抢占过多功劳。
- 讨好掌权者或有助于其职业发展的人。
- 表现得好像他们是负责人，即使他们不是。

- 闲聊和散布谣言，特别是关于那些他们认为妨碍到自己的同事的。
- 推进自己的议程，通常以牺牲团队或公司目标为代价。
- 囤积信息以显得强大。
- 故意不邀请你参加会议或不分享你工作的关键细节，借此削弱你的地位。

当我想到这个类型时，我的脑海经常浮现美剧《办公室》(*The Office*)中的角色德怀特·思科拉特(Dwight Schrute)。他和他的销售伙伴吉姆(Jim)处于一种无休止的（而且毫无结果的）竞争中。他坚称自己是"助理区域经理"，而不是"区域经理的助理"。他总是在讨好他的老板迈克尔·斯科特(Michael Scott)。只要德怀特获得权力，不管是什么权力（比如在我最喜欢的一集中，他有权选择公司的医疗保健政策），他都会美滋滋，而且对他的同事颐指气使。虽然德怀特的角色很有娱乐性，但很难想象真的会有人喜欢日复一日地和这样的人一起工作。

如果你遇到一个好胜心极强的同事，在他们眼里工作就是赢者通吃的竞争，那么你会作何反应呢？你能相信他们吗？你如何避免卷入他们的游戏？你能从他们的操控手段中学到什么吗？

这个类型与其他几个类型之间有一些重叠，特别是被动攻击型同事（第六章）、缺乏安全感的领导（第三章）和"万事通"（第七章）。你可以回顾这些章节，了解更多背景知识以及如何与办公室政治高手打交道的相关建议。

现在，让我们来看看是什么促使一个野心家如此精于算计，有时还不乏虚伪。

政治操弄行为的背景

首先，所有办公室都存在政治。工作就是与人打交道，而人主要受情感而非逻辑驱动。我们都有相互冲突的欲望、需求和潜在的（通常是无意识的）偏见和不安全感。与他人合作意味着对相互冲突的动机进行交涉，且往往需要进行妥协。此外，我们的工作对他人的依赖度也越来越高。研究人员发现，自 2000 年以来的 20 年里，管理者和员工在共同合作上花费的时间激增了 50% 或者更多。

我们大多数人都能意识到玩转政治的必要性。2016 年美国人力资源公司 Accountemps 进行的一项调查显示，80% 的人认为办公室政治存在于他们的办公室，55% 的人表示他们参与其中。超过 1/4 的受访者表示，他们认为"政治操弄"对取得成功至关重要。研究也证实了这一点。大量研究表明，政治技能与职业成功之间存在联系。

了解同事如此行事的原因（我在本书中一直提倡这样做），这一点很重要，如果能利用这些知识来推动你和组织的目标实现，这便是政治智慧了。比如，你可以了解市场部同事的关注点，然后借此说服他们支持你的项目，或者向大领导提出想法时要用他们最有可能认可的方式来展示。了解谁拥有权力和影响力，拓展你的人脉关系网，这些都是有必要的，甚至需要实现雄心壮志的能力，只要你的目的不仅仅是为了个人利益。

但是，这可能跟你的同事正在玩弄的办公室政治不是一个性质。

好的办公室政治 VS 坏的办公室政治

要区分可以接受的办公室政治和更加有害的办公室政治并不总是那么容易。对一些人来说，送花祝贺老板升职的想法可能显得谄媚；而对另一些人来说，这可能只是一种善意的姿态。还有一些人可能会认为这是一个明智的政治举动，因为他们知道与领导保持积极的关系可能有助于自己的职业发展。

为了辨别什么是合适的，什么是不合适的，我会这样问自己：某人追求成功是否以牺牲他人利益为代价？如果答案是否定的，那么这可能是为了推进其职业发展的一个精明的方法。例如，在会议上发言，分享团队项目的进展情况，这是提高知名度和声誉的一个好方法。只要你没有打断其他人，或者说其他团队的坏话，就不会造成任何伤害。但是，如果你的同事故意占据会议的大部分时间，让其他人无法表达自己的想法，那性质就不一样了。

我在写这本书时采访过一个人，他这样描述一个"操纵欲很强"的同事：

他的议程总是排在第一位。他属于目标导向和经济驱动类型。如果他站在你这边，那他会是最有力的盟军，因为他会不惜一切代价得到他想要的。但如果你们站在对立面，战争就开始了。他会说一些让你没有安全感的话，并试图让你与其他同事反目。他总是根据自己的需要来编排说法。他可能会说，"我告诉你这些是因为我喜欢你，关心你"，但这通常意味着他在为自己着想，他需要你站在他这一边。

是什么迫使人们表现得如此冷酷无情?

稀缺感、不安全感和权力

当然，不同的人会被不同的事情激励，但你的同事参与残酷政治有一些共同的原因，包括觉得资源有限必须争取的紧迫感，不安全感或威胁感，以及对权力或地位的渴望。

驱动激烈竞争的一个主要因素就是稀缺感，即认为没有足够的资源可以使用。如果每个人都能在工作中得到他们想要的——他们梦寐以求的薪水、给他们中意的所有项目批预算，来自高层的无限关注——那么就没什么必要搞办公室政治了。但资源是有限的，我们常常被迫为之竞争。你的同事或许就是专注于赢得这些资源，以推进自己的议程，巩固自己的地位。

热衷于办公室政治的人有时这样做是因为他们没有安全感或感觉受到威胁。我的一个朋友曾经提到，在她工作的媒体公司里，大多数玩弄政治的人在工作的专业方面都不是特别擅长。由于担心自己的无能被暴露，他们采取了一些卑劣手段，比如同意部门主管提出的所有建议，试图抢走同行的客户。（你可以在第三章中阅读更多关于利用虚张声势来掩盖无能的内容。）

最后，许多野心家这样做仅仅是因为对地位或权力的渴望。凯洛格商学院（Kellogg School of Management）教授乔恩·马纳（Jon Maner）因为他的一位朋友抱怨老板不好而受到启发，研究了为什么有些人会对同事故意使坏。他和他的博士研究生发现，领导者愿意通过限制沟通或安排合作不畅的人一起工作来削弱自己团队成员的表现，从而使潜在对手看起来无法胜任领导角色。这些苦心经营者通过消除所有可能的竞争来巩固自己的地位。如果渴望权力的领导者认为自己的地位不安全或等级体系不稳固，他们就更有可能破坏自己的团队。换言之，在一个充满政治色彩的工作环境中，人们都在谋取影响力，那你的同事可能也会更加倾向于让别人看起来无能。

许多人玩弄这些游戏是因为这对他们有用。他们保住了领导的位置，获得了晋升，或者得到了他们想要的经费。但办公室政治不一定对每个人都会产生同样的作用。

谁可以当玩家？

女性比男性更有可能表示她们不喜欢参与办公室政治，也更有可能经历研究人员所称的"政治技能不足"。这并不是说女性在政治上很幼稚。她们可能会选择退出，是因为玩这种游戏不会给她们带来同样的好处。一些证据表明，女性和其他代表性不足的群体成员在与白人男性从事相同的政治行为时，并没有和白人男性获得同样的职业优势。在一项调查中，81%的女性和66%的男性表示，当女性被视为"参与公司政治"时，她们会比男性受到更严厉的评判。

这让许多女性和少数群体陷入一种特殊的两难境地。一方面，完全置身于办公室政治之外，同时又能高效地工作，这是不可能的。另一方面，他们在参与办公室政治时也会感到不舒服，这往往是因为他们参与其中时会看到像他们一样的人遭受恶劣对待。

因此，在和投机取巧的同事打交道时，要心中常记这种两难处境。对方可能是因为性别或种族而享有操弄政治的特权和自由，但也可能是因为被别人边缘化了才不得不采取行动。

在远程办公环境中会发生什么？

新冠疫情大大加速了向远程办公的转变，这可能会加剧同事的竞争意识。因为无法密切关注每个人，无法观察谁在跟谁互动，无法知道谁在与高层打交道，这可能会加深同事对其地位的不安全感。而且，由于经济紧缩和经济的不确定性增加，每个人都必须争夺可能异常有限的资源。

通过电子邮件和 Zoom 工作也让你更加难以知道一个政治操弄者暗中做了什么来获得成功。领导力顾问南希·哈尔彭（Nancy Halpern）开发了一种工具来衡量团队中的办公室政治状况，她告诉我："有太多的谈话是私底下发生的，你无法知道它们是否发生、何时发生。有时在会议期间，一个同事会突然出现在你的屏幕上，而你不知道是谁邀请了他们，也不知道他们被要求担任什么角色。"我确实有过这种经历。当我在会议中用私聊向很久没见的同事打招呼，或是称赞某人的毛衣时，我会好奇还有谁在私下交谈，他们在说什么。

但是在某些情况下，无知是福。不必目睹你的同事拍老板马屁或在背后说别人坏话，这可能会让你更容易与其相处。

关于八卦

八卦是野心家最常用的武器之一。他们经常会故意散布谣言、挖掘信息，并根据战略需求决定是保密还是传播出去——通常是为了从别人那里换取八卦消息。成为这些阴谋的针对目标，往好了说是令人沮丧，往坏了说可是会毁掉职业生涯的。

但八卦是我们偶尔都会做的事情之一，虽然你可能会很讨厌过度醉心政治的同事聊八卦，但是完全避免八卦不一定总是明智的。比如，如果你规定自己完全不参与对别人的讨论，那么你可能会错过一些信息。听办公室里的玩笑是了解公司情况的一个好方法，比如哪个团队最近达成了一笔大交易，或者 CEO 可能会批准什么计划。

但是也会有代价，特别是如果八卦聊的是私人的（例如谈论某人的离婚）或是负面的（质疑同事的工作能力）信息。研究表明，负面流言会导致工作效率下降、信任受损、意见不合，更不用说伤害感情了。和其他政治操弄行为一样，针对八卦我也建议你问这个问题：你的同事传播八卦是否以牺牲他人利益为代价？

这将帮助你决定是否参与。在决定如何应对工作中的无情钻营者之前，你还应该问自己几个其他的问题。

问自己几个问题

和其他类型一样，首先需要认识到你那渴望权力的同事有哪些行为会造成问题。

哪些行为有问题？问题有多大？

不要对野心做不公平的评判或惩罚。有人非常专注于发展自己的事业，而你没有，这也是正常的。不要假设别人有恶意，而是要思考同事具体做了什么让你生气。是因为对方总是一副"拿下他们"的样子让你看着就很烦吗？还是这个人对组织、团队或你的职业生涯构成了真正的威胁？他们在窃取你的功劳吗？撒谎？散布谣言？陷害别人？他们的行为有什么负面影响？你或者别人因为他们的行为遭受了怎样的痛苦？

　　政治行为出现的次数也有影响。南希·哈尔彭有一个很好的经验法则："如果对方做了一次，别在意，随它去。如果对方做两次，要留心。对方要是做了第三次，那这就是故意的了。"比如，如果你发现你的同事撒了一个小谎，也没有造成严重后果，那你可以忽略它。但如果它再次发生或造成伤害了，那你就要采取行动了。

当权者关心什么？

　　员工是否会参与办公室政治以及他们是否因此获得奖励，组织文化在其中发挥着重要作用。如果你在一个竞争残酷的环境中工作，那你同事的行为可能不会被认为是不正常的，如果负责决定谁来晋升的人本身就有敏感的自尊心，或者本身就是政治操弄者，那就更是如此了。看看是谁得到了提升和认可，是不是像你同事这样操弄政治的人？

你应该更多地参与办公室政治吗？

　　有一个多少有点违反直觉的问题需要考虑，就是你自己能否从更多的政治参与中获益。如果你提高了自己的说服力或与有影响力的领导建立了新的关系，这对你的团队有帮助吗？或者，拥有一点野心家的自信是否就能让你敢于要求你应得的晋升，或者寻求一份可以提高你知名度的延展性任务①（stretch assignment）？

---

① 延展性任务：超出自己现有能力范围的工作机会，工作的目标超出了习以为常的职责，可以实现自我挑战、延展能力，比如跨部门轮岗锻炼。——译者注

当然，我们都希望能用工作成果说话，但大多数办公室不是这样的。所以，想想你能从同事身上学到什么。当然，你不应该跨越道德底线，也不应该采用你认为过分殷勤的策略，但你可以观察他们是如何赢得决策者的青睐的，然后找出值得效仿的策略。

回答了以上这些问题以后，你现在可以决定哪些策略最有可能改善你们的关系。

可以尝试的策略

请记住，要让一个政治操弄者承担责任可能很难，因为他们在工作中有权威人脉，也知道如何让自己看起来很有能力。他们也没有什么动力去改变自己的方式，因为过度自信（正如我们在第七章中所学到的）往往会得到回报。因此，要想让你的同事消停下来可能不太现实，还不如先把自己从纠缠中解脱出来。

不要被牵扯进去

如果你有一点点好胜心（我知道我有），那么你很可能会忍不住想以其人之道还治其人之身。比如，当他们散布关于你的谣言时，你可能想要转身就以牙还牙。不要这样做。参与不良竞争或八卦，即使是关于八卦者的，也会给你带来负面影响。不要表现得小心眼或做一些与你的价值观不一致的事情。

阿基拉的大老板拉杰夫非常在意自己在公司里的形象，而且非常爱出风头。当拉杰夫为了让自己有面子而过度承诺，然后迫使团队完成他设定的不切实际的目标时，阿基拉就会特别沮丧。阿基拉承认，她偶尔会经不住反击的诱惑。"有时候，出于怨恨，我会试图'报复'他，好几天不回复他，"她告诉我，"但结果适得其反，这让我看起来不负责任。"当拉杰夫因为团队无法兑现他对公司高管的承诺而情绪失控时，阿基拉需要很努力才能让自己保持冷静，这一点很好理解。"如果我是他大喊大叫的对象，我会立刻想要为自己辩护，但那只会让他更加生气。"因此，阿基拉选择着重保持她和拉杰夫之间的情感距离。"当事情变得糟糕，他对我粗鲁时，我会去一个安静的地方，用哭泣或祈祷来释放我的情绪。虽然这并没有改变眼前的情况，但确实让我感觉好多了。"

让大家知道你的出色工作

正如阿基拉所发现的，同事玩弄政治可能会对你的声誉或事业产生负面影响，所以要找到有效且合乎道德的方法，确保让需要知道的人了解你的成就。比如，你可以让你的领导及时了解你的项目进展以及为其他团队贡献时间、想法和精力的情况，或者主动在全体员工会议上介绍你担纲的计划。

当我发现我以一名非正式顾问的身份为一个没有正式分配给我的项目提供帮助时，我会偶尔向我的经理提起这件事，比如我会说"到目前为止，我很幸运能对这些决策提供一些建议"。当该团队在部门会议上做报告时，我问了一个问题，好向在场的人证明我也参与其中。这些微妙方式能让别人更多地看到我的付出，也能帮助我防止一些耍手段的同事将我的功劳占为己有。

当然，给自己说好话并不总是那么容易，研究表明，与男性相比，女性尤其倾向于减少自我推销，因为她们经常会因此受到惩罚。因此，找一位能理解你贡献的同事，让他在会议上或项目讨论时代你发言。你可以对一位同事这么说："我真的很努力地写这份报告，但我有时候会发现很难让大家知道我的付出。如果你能在会议上向我提问，我会很感激，这样我就能谈谈关键的要点。"这种同侪宣传对双方都有利，你的工作能得到肯定，你的同事也会因为积极求知、主动参与以及无私助人而提高声誉。

如果你的野心家同事试图将你的成就占为己有，或者淡化你在高知名度的计划中的参与度，那么记录下你正在做的事情也很有帮助，比如给领导发送电子邮件或留下其他形式的有力证据。书面记录通常可以阻止野心家对你使坏。

提供帮助

向政治操弄者提供帮助可能会出人意料地消除对方的戒心。他们习惯于把每个人都视为竞争对手，所以可能不会得到太多的慷慨或支持。你可以向对方建议在一个项目上合作，主动为其担纲的计划提供头脑风暴，或者向其提供对其有价值的信息或见解。因为大多数人都倾向于回报那些帮过他们的人，所以这样你也可以获得他们的帮助，这就是互惠原则。

使用这种方法需要注意的一点就是：小心别人对这位同事的看法。在你努力支持这个人的同时，要小心别让同事把你也看成一个玩弄政治的人。但是，如果你拥有积极正面的声誉，那么人们可能会赞赏你将一个声名狼藉的谋求上位者变成一个合作者所付出的努力。

寻求建议

对谈判的相关研究指出了另一种不符合直觉的策略：向好胜心极强的同事寻求建议。从如何写一封难写的客户邮件到如何说服高层领导支持你的最新提议，向他们寻求任何建议都能帮助你赢得他们的信任。如果对方知道你重视他们的建议，他们可能会开始把你视为盟友而不是对手。研究表明，寻求建议会让你看起来有合作精神，而不是争强好胜，并且可以赢得对方的信任，甚至可能鼓励其成为你的拥护者；如果你接受了他们的建议，他们也更有可能感觉到你的成功出了一份力。

还有一个好处就是，问他们"如果你是我，你会怎么做？"这种简单的问题可以鼓励同事从你的角度看问题。阿基拉就是这样对拉杰夫的。如果她预料到他们正在进行的项目有任何障碍，她会立即通知拉杰夫，询问他的想法。阿基拉告诉我："我发现让他参与进来，他会对我更友好一些。我想这大概让他觉得我终究不是他的'敌人'吧。"

当心态度反转

如果一个野心家开始把你当心腹了，那你可要小心行事。和对方阵线一致而非相互冲突，这可能会让你感觉得到了解脱，但仍然要保持警惕。他们可能是为了自己的利益而利用你，或许向你提供其他人的信息就是希望你能把这些信息传播出去，或者试图通过对你"亲切友好"来给自己树立良好形象。要警惕他们的意图，也可以考虑直接问他们："我有点困惑。你想让我拿这个信息做什么呢？"或者"你告诉我这件事是为了什么呢？"以一种谦逊而又真心好奇的方式提出这些问题，这样听起来才不会像指责。

提出你的困扰

鉴于渴望权力的同事很少是诚实坦率的人，直言不讳或许能让他们措手不及。而且，与许多其他类型一样，政治操弄者可能意识不到他们对别人的影响。此时，可以给他们举起一面镜子，让他们看清自己是如何被看待的，鼓励他们做出改变。在谈话中，要注意保持语言中立，不要带有任何情绪或判断。

当然，他们可能会否认自己参与了有害的政治行为。没关系，至少他们会知道你对情况很了解，而且你也不是一个容易欺负的人。

如果你担心你的同事会利用这样的谈话来攻击你，把这当成造谣的素材，那就放弃这个策略，改用其他的策略吧。

柯克在一个军事步兵分队的人力资源部工作，他在审查自己部门的自我评估时注意到，他的同事伯纳德把他提出的一个想法占为己有。柯克向我解释说，这是一份为团队记录工作节省时间的报告，它能"帮助我们避免重复工作"。但伯纳德将这份报告列为他在审核期的成就之一。

柯克决定直接去找伯纳德，问他为什么说他已经实施了报告变更。伯纳德有点吃惊，但主要还是"漠不关心，表现得好像谁得到了功劳并不重要一样"。柯克觉得他的反应很奇怪，因为伯纳德就是那种人——"不管做什么都要确保让大家很快知道，如果他的努力没有得到赞扬，他就会变得非常急躁"。

从那时起，柯克在回应伯纳德的信息请求时，都会同时抄送给其他人。"如果一个项目涉及我们之外的分队，我就会密件抄送给我认识的指挥链中的上级，"他解释说，"我必须保护我付出的努力。"这种方式可以防患于未然，因为当别人知道得更多时，伯纳德就再也不能随意邀功了。

根据对方的政治策略调整你的方法

我想在这里谈谈政治操弄者经常使用的三种具体策略：撒谎、八卦和窃取功劳。我们来看看如何应对每一种手段。

如果你面对的是撒谎：和一个经常撒谎的野心家对质，很快就会变成一场谁在说实话的战争。如果可以做到温和地指出不实之处并提出相反的证据，那就这样做。首先，试着私下里这样做。比如，可以发送一封电子邮件（后面也可以作为你尝试过真诚沟通的证明），内容类似于这种："我不明白为什么你会说你的团队不知道新功能的推出，因为从下面的邮件链中可以看到，我们在9月份就已经讨论过了。"这种方式可以温和地揭露对方的欺骗行为，并明确表示你以后不会让他们得逞。

如果他们对这些一对一的沟通没有积极回应（或者根本不回应），那你可以去找你的经理，或者当同事在别人面前撒谎时直接指明。

如果你面对的是八卦：只要有可能，听到负面八卦就打断它。如果一个机会主义者说了一些可能伤害他人感情或声誉的话，请大声说出来。当然，这需要勇气，但这样做即使只有几次，也会对政治操弄者起到警告的作用。如果对方试图跟你八卦团队里其他人的事，你可以这样回应："你告诉过他们你有这种感觉吗？"或者更进一步，通过提供相反的信息来消除谣言。例如，如果这位野心家贬低某位同事的表现，或者谈话中提到另一位同事的时候流露出轻蔑的神色，那你可以提起这位同事具体的某一次工作给你留下的深刻印象。

如果你发现你的同事在散布关于你的有害流言，请直接处理。

但是要就事论事，不要指责。你可以说："我多次听说你对我主持这些会议的方式感到不舒服。你有什么想告诉我的吗？"同样，对方可能会装傻，但至少你已经向他表明，你不会让他肆意妄为。

如果你面对的是窃取功劳：如果你发现你的野心家同事声称他完成了一个项目的所有工作，而他其实几乎没有参与，那你可以先问一些问题，类似这种："我注意到当你谈论这个项目时，你说的是'我'而不是'我们'。这是故意的吗？为什么要这么说呢？"提问问题可以将举证责任转移到你的同事身上：他必须解释为什么他会觉得抢占功劳毫不理亏。

有时候窃取功劳并非有意。因此，要考虑到你的同事可能会意识到并承认他的错误，如果他这样做了，那就把谈话的重点重新放在如何一起修正错误上。也许他可以向团队发送一封电子邮件，感谢你的贡献，或者你们可以和领导谈谈，澄清事实。

如果你的同事出了名地爱抢功劳，那么要主动预防。一定要事先就如何分配功劳达成一致。谁负责向高层团队展示想法？谁负责回答问题？谁负责向公司其他部门发布新产品的公告？将这些共识写下来，并通过电子邮件与项目中的每个人分享，这样就不会有产生任何误解的可能。

词│句│借│鉴

你的同事想要不惜一切代价出人头地，这可能会让你无言以对。即便你已经预料到某人会有不良行为，也并不能代表你遇到时不会感到慌乱。你在检验策略时可以尝试使用以下这些措辞以备不时之需。

强调合作或提供帮助

"我们是一条战线上的。"

"我很想跟你讨论我们如何相互帮助以及如何帮助团队（或公司）。"

"我不确定你是否意识到自己在这些会议上的表现。有时候你似乎只关心你的项目和你的团队，而不是整个集体。"

应对撒谎

"我记得情况不是这样的。我们能不能去查看一下之前的电子邮件（会议记录或 Slack 消息）以确保我们可以达成共识？"

"我不明白为什么你会说你的团队领导了我们的新功能推出，你从下面的邮件就可以看到，这是我的团队负责的。"

应对八卦

"这听起来像是八卦。这是你的本意吗？"

"他们知道你有这种感觉吗？"

"我听说你对我们采取的方法有些担心。我很乐意听一听。"

"下次请直接来找我。"

应对窃取功劳

"我发现我的名字没有出现在报告上。请将报告发给我，这样我可以在分享给别人之前把自己的名字加上去。"

"我注意到，当你谈论我们的项目时，你说的是'我'而不是'我们'。这是有意的吗？你为什么要这么说呢？"

"针对这个计划，我不太清楚我们的团队是如何分工的。我们能在下次会议之前讨论下具体分工吗？"

树立慷慨的典范

一如既往，以身作则。在会议上慷慨地表扬和称赞你的同事。这不仅可以在团队中建立信任和积极性，还可以鼓励其他人效仿，包括你的问题同事。如果你善待那些容易背后捅刀子的人，他们可能会放松下来。如果他们还是那样，那么当他们试图对你使坏时，至少会有盟友站出来为你辩护。同时，不要太过火。比如，如果你把项目中的每个人都感谢一遍，哪怕是在项目中参与极少的人，那你就有可能被视为不真诚。把你的认可重点放在那些真正值得认可的人身上。

• • •

欧文休完陪产假以后确实回来了，也恢复了系主任的职位。克拉丽莎仍然渴望得到他的位子，但欧文决定不去因为她生气。事实是，克拉丽莎的确是最好的接班人，所以他集中精力确保她在时机到来时能做好准备。他邀请她参加校长室的会议，并经常在做决定时征求她的意见。让她成为盟友的行为表明，他在为她的成功投入自己的精力，这样就减少了她与他竞争的需要。

当我思考什么方法对政治操弄者最有效时，我想到了美剧《办公室》中吉姆对待德怀特的方式。他从来没有跟德怀特一般见识，反而总是以幽默和玩笑的态度来处理他们的关系。当然，他也会取笑德怀特，有时甚至会捉弄他，但他行为合乎道德，并从他人身上寻找安慰，继续做好本职工作，甚至还能看到德怀特时而荒谬的行为背后的人性。德怀特往往只会关心他自己，但吉姆知道德怀特也会真诚地关心他的同事。与那些看起来好像只为自己着想的人打交道可能会很棘手，但如果你能记住他们也是人，这会对你有所帮助。

策|略|集|合
针对政治操弄者

要：

- 选择合作而不是报复。

- 找到富有成效且合乎道德的方法，确保人们了解你的成就。

- 书面记录每个人在项目中的负责事项，这样你的同事就无法过分邀功。

- 主动提供帮助：建议在一个项目上合作，主动为其担纲的计划提供头脑风暴，或者向其提供对其有价值的信息或见解。

不要：

- 假设你的工作表现会证明一切，尤其是当你的同事在说你坏话的时候。

- 与对方一般见识，并试图以其人之道还治其人之身。

- 始终相信他们，如果他们试图与你结盟的话。要谨慎行事。

11

第十一章

与任何人相处都要记住的九条原则

改变是可能的

在与同事相处时，我也犯过不少错误。我也曾在一时冲动下对别人怪声怪气地挖苦。我也曾发送过一些我希望能撤回的刻薄邮件。我也曾对我认为不可理喻的人表示轻蔑。我也曾表面对着同事微笑，心里却想："我讨厌你；真不敢相信我必须这样做。你要是辞职就好了。"而且，是的，我还曾在背后议论过同事，因为我努力让事情变得更好，却没有得到回报。

在处理复杂的人际关系时，没有人是完美的。但我发现存在一些特定的参考点帮助你清理自己这一边街道的关键概念——我会一遍又一遍地回顾，无论我面对的是一个完全符合八种类型之一的人，还是一个难以分类的人。

下面的这些原则听起来应该会很熟悉，因为它们与前面的章节都有密切交织。我把它们单独提出来放在这里展开，是因为它们共同构成了我对人际关系弹性看法的基础。我希望这些原则能增强你在面对冲突与分歧时的决心，帮你提高解决效率，无论对方是谁。

我建议在你开始规划如何应对难相处的同事之前先阅读本章。比如，如果你正在与一个被动攻击型同事做斗争，你可以根据第六章提供的策略制订一个计划。但在采取行动之前，你也要考虑一下这里的建议。（等你熟悉了这九条原则以后，你可以使用本章末尾的表 11-1 作为快速参考，以检验所选策略的合理性。）

正如我们在第二章中所学到的，当我们与同事做斗争时，我们的大脑往往会与我们作对。面对压力时，也就是我们感受到威胁的时候，即使是职场老手也会受到短期目标的鼓动：我需要在团队面前表现出色；我不想再跟这个人说下去了；我一定要赢；我希望每个人都喜欢我。于是，我们很容易就会忘记应该如何反应。

在这些时刻回顾这些原则，然后深思熟虑地准备好穿越人际关系的惊涛骇浪，这会帮助你实现和谐相处的长期目标。

原则

原则一：专注于你能控制的事情

宝拉很难跟她的下属弗兰科讲得通道理，她觉得弗兰科太固执了。他拒绝承认团队中的其他人拥有对他的技术工作有帮助的专业知识或见解（典型的"万事通"）。宝拉向他指出了困扰其队友和影响其表现的行为，包括使用居高临下的语气和打断他人，并要求他停止这么做。但他没有停止，她的反馈似乎被当成了耳旁风。

如果能有一个简单的方法可以说服一个令人恼火的同事改变他的方式，那么本书的篇幅就不会这么长了。事实上，很少有人会因为别人的要求而改变自己的行为。只有当他们自己想改变的时候，他们才会去改变。

很多时候我都会想：如果我能向对方解释这一点，他们肯定会理解的。我们都曾幻想通过一些完美的说法或做法，来迫使对手醒悟过来，认识到他们的错误，并发誓彻底改邪归正。但是，《重新思考》（*Think Again*）一书的作者、沃顿商学院教授亚当·格兰特表示，分享我们的逻辑并不总是有效的。他写道："我不再认为我有权利改变任何人的想法。我所能做的就是努力理解他们的想法，然后问问他们是否愿意重新思考。剩下的就看他们了。"说得太对了！

即使作为弗兰科的老板，宝拉也没有权力让他改变。因此，她开始专注于改变自己的方式。她决定更加频繁地给予弗兰科反馈，在每周的一对一会议上花五分钟时间指出他的行为如何影响团队和他自己的效率。然后，她只是希望这种方法的调整能激励他改变态度。最终，弗兰科收敛了一些傲慢，即使他没有像她希望的那样让步，她也知道自己的做法是正确的，这让她感觉好多了。

说实话，我并不完全同意人们经常给出的建议："你无法改变另一个人。"我见过许多专业人士成功地让一个被动攻击型同事变得更加直接，或者说服了一个扮演受害者的同事为他们的失败承担责任。但是，如果与同事相处的好坏完全取决于你说服对方改变自己的能力，那么你就会冒很大的风险。他们也许没有能力改变自己，或者他们可能不想改变。你唯一能真正控制的只有你自己。

原则二：你的观点只是众多观点之一

几年前，我和一位叫卡拉的同事一起工作。在一个项目完成的所需时间上，我们产生了意见分歧。当谈及项目的预估时间时，我感到震惊，因为她预计的所需时间竟然是我假设的四倍。但我没有想"哇，我们的看法完全不同"，而是想"她疯了！"在我们讨论的时候，我也深信她根本不可能是正确的。很明显，她对我也有同样的感受。我们对彼此观点的判断是显而易见的，氛围也因此变得紧张起来。

我们正面临着高难度谈话中的一个现实问题：这种谈话很少会存在客观的真理。我们都带着不同的观点和价值观来到职场。我们在所有问题上都会产生分歧，从开会迟到五分钟是否合适，到打断某人喋喋不休是否合理，再到犯错的适当后果是什么。显然，认为你会和一个意见始终一致的人一起工作是不现实的。

社会心理学中有一个概念叫作"天真的现实主义"（naive realism），它解释了我们的观点是多么不同。天真的现实主义即我们倾向于认为我们是在客观地看待周围的世界，如果别人不以同样的方式看待，那么他们就是无知、无理或带有偏见的。该领域有这样一项研究：参与者被要求敲出一首著名歌曲的节拍，如《生日快乐歌》，而听众需要猜出这首歌的歌名，看看会发生什么？那些敲节拍的人认为听众大约能猜到这首曲子50%的节拍，这极大地高估了实际情况，因为他们只猜对了节拍的2.5%。一旦我们预知了某件事情，比如一首歌的曲调或针对本季度预算短缺的完美解决方案，我们就很难想象其他人竟然会认识不到这一点。

天真的现实主义与另一个相关的认知偏差有关："基本归因错误"（fundamental attribution error）。这是一种倾向，即观察另一个人的行为时倾向于认为这与他们的性格有关，而不是与他们所处的环境有关。因此，如果你的同事开会迟到了，你可能会认为这是因为他们没有条理或不尊重人，而不是因为他们遇到了堵车或是另一个会议超时了。但是，当涉及我们自己时，我们的想法却恰恰相反。当你迟到时，你可能会把注意力集中在导致你迟到的所有情况上，而不会想你有什么缺陷。

在和同事相处时，记住这两个概念很重要。你可能会做出不一定正确的假设。你可能会感觉对方的观点和自己的观点存在无法逾越的鸿沟，特别是如果你对发生的事情和谁该负责始终保持一种观点的话。你们可能会花好几个小时争论谁的解释是正确的，但要想就所谓的"事实"达成一致，这是不太可能的。事后反复讨论过去发生的事，这种方式通常只会导致痛苦和僵局，与其如此，不如关注未来应该怎么发展。

你们不必非得同意和睦相处。你们只需要尊重对方的观点，能够决定前进的方向即可。我没有再去说服卡拉承认她完全错了（我尝试过），而是承认她根据自己的经验形成的观点同样有效。在我们的谈话过程中，她提出的几点意见改变了我的想法。因为我表现出了改变主意的意愿，所以她也这么做了。我们达成了妥协——一个她觉得有点冒进而我觉得有点拖沓的时间表，但我们都可以接受。我们需要的是一条前进的道路，而不是一个共同的世界观。

为了避免浪费精力去说服我的同事以我的方式看待问题，或者为对错与否或"真理"为何而困扰，我现在会花时间检视自己的观点：

- 如果是我错了怎么办？我会有什么不同的表现？
- 我怎么知道我的观点是正确的？我做了哪些假设？
- 具有不同价值观和经验的人会如何看待？

相较于问题的答案，自我提问的过程更重要。这是一种重要的方式，它可以提醒我自己，我的观点只是我的观点。其他人有不同的看法，这也没什么。

原则三：意识到你的偏见

与同事的互动不仅受到我们的价值观和经验的影响，还会受到我们的偏见影响。甚至我们对于"难相处"行为的定义也会受到我们带入职场的偏见的影响。

现在我要分享一个我并不感到自豪的例子。在我做顾问的时候，我有一个客户，是一位黑人女性，因为担心她会生气，所以我很犹豫要不要反驳她。有一天，她的一名下属，一位白人女性，在她们办公室的走廊上拦住了我，说我似乎对她的老板有所保留。她很和善，而且似乎真的很好奇为什么我的表现与过去的会议不同。我自己说了什么我记不太清了，大概就是想让客户满意之类的。但我清楚地记得她的回答："她不会冲你大发雷霆的。"

她的话迫使我开始反思，这时我才意识到，其实我曾经见过这位客户被她的下属多次反驳，而她也坦然接受了。当然，她也直言不讳，也不怕问尖锐的问题，但我从未见过她生气。我的行为受到了刻板印象，特别是"愤怒的黑人女性"这种说法的影响。我不仅因为对她的刻板设定而伤害了她，而且还因为一些想象出来的强烈反应，而没能做好自己的顾问工作，没能提出新的想法和挑战现状。

归根结底，我犹豫要不要说出来根本不是为了客户，而是因为我和我的偏见。

偏见的棘手之处在于，我们常常意识不到它们。正如我在第二章中所讨论的，我们的大脑天生就会节约资源，所以它们会走捷径，迅速将人和事物进行分类，并根据社会、社会学和历史结构下的种族、性别、性取向或阶级为这些类别分配属性。一些群体会被贴上随和的标签，另一些会被贴上聪明的标签，还有一些则被贴上威胁的标签。

在处理棘手的人际关系时，有两种特定类型的偏见特别有助于理解：亲和偏见（affinity bias）与确认偏见（confirmation bias）。

亲和偏见指的是人们会无意识地倾向于与自己相似的人和睦相处。换句话说，我们会被长相、信仰和背景相似的人所吸引。当同事在性别、种族、民族、教育、体能、职位等方面与我们不同时，我们不太会想要与他们合作。这就是为什么当我们与同事不合时，我们必须问自己："偏见在这里发挥了怎样的作用？会不会是因为我们在某些方面不同，导致我没有看清楚情况？"

另一种经常渗入职场关系的偏见是确认偏见。这种偏见指的是人们倾向于将事件或证据解释为对现有信念的确认。对于让你厌烦的同事，这种偏见有两种表现形式。第一，如果你对某位同事的看法是消极的，那么你会更有可能将其行为解释为印证你对其看法的进一步证据，即对方无法胜任任务、不友善或者只关心自己。第二，如果你已经开始相信你的同事属于八种类型之一或者完全属于另一种类型，那么这个人就越来越难以证明你的观点是错的。你已经有了预设，你从一个已经被你认为是混蛋的人身上只会看到"混蛋"行为。

那么，如何才能打破这些偏见呢？你可以做这几件事：

- **了解自己的偏见。**在线测试是个不错的选择，它能让你更好地了解自己是否容易产生隐性偏见。这种测试有很多选择。我喜欢"内隐计划"（project implicit）提供的测试，"内隐计划"是一个由哈佛大学、华盛顿大学和弗吉尼亚大学的研究人员发起的非营利组织。

- **探索不同的视角。**你可以做很多练习来帮助阐明一些隐性假设。听播客或阅读与你不同的人所写的文章和书籍。通过自己的研究或参加你所在地区的教育活动，了解不同的文化。这样的实践也能帮助你了解你拥有的特权，或者因为你的性别、种族、性取向、宗教而体会到的优越感。

- **寻求帮助。**当你与同事发生冲突时，请咨询你信任的愿意反对你的人，反思自己是否以不公平的方式看待问题。你甚至可以明确地问他："我的偏见可能在这里发挥了怎样的作用？"

- **质疑自己的解读。**与自己唱反调，反复询问自己是否公正地看待有争议的情况。使用我在第七章和第八章中提到的"翻转测试法"：如果你的同事是其他性别、种族和性取向，你还会做出相同的假设吗？你还会愿意说同样的话或以同样的方式对待他们吗？

当我审视自己对那位客户的反应时，我使用了最后一种策略。如果她是白人女性、白人男性，甚至是黑人男性，我还会认为她会"生气"吗？答案很明显：不会。如果那位客户是男性，我可能会把同样的行为解读为"激动"或"坚定"，或者最坏也就是"无礼"。但我不会想到愤怒。这个练习对我来说很重要，因为它让我认识到自己的逻辑有缺陷，然后我可以超越它。这并不是说我的偏见消失了。但是，我能够更加仔细地观照它们。

原则四：不要想成"我和他对立"

在一场分歧中，人们很容易把当事人想成是相互独立的两方，甚至是交战双方。许多关于解决争议的建议都会使用"对立的一方"（counterpart）这个词，这意味着有人与你相对或反对你。我在上一本关于冲突的书中使用了这种措辞，但我现在认为这种心态是有害的。

如果拥有"我和你对立"这种想法，情况就会出现两极化。有人难搞，有人不难搞，有人对，有人错。正如我在第二章中所解释的，这种讲故事的方式是我们大脑对愤怒、恐惧、痛苦或防御等负面情绪的自然反应的一部分。这种"受害者对施害者"（victim versus villain）的叙事方式也许能带来自我安慰，但是我们很少是毫无过错的。

为了与同事友好相处，你需要一种不同的思维模式。不要只看到对立的两派，而是想象当下的情况存在三个实体：你、你的同事和你们之间的关系。也许这第三个实体是某种具体的东西：你们必须一起做出的某个决定，或者你们需要完成的项目计划。或者更加抽象一点：你们之间持续紧张的关系，或者因为项目出现问题而产生的不和。不管是哪种，这种方式都是为了将人与问题分离开来，你以前或许听过这样的建议；这也是"哈佛谈判项目"①处理高难度谈话的核心原则之一。

安德烈因为他的悲观同事埃米莉亚深受困扰。他发觉每当他提出一个新想法时，埃米莉亚都能列出一长串的理由来说明这个想法永远不会奏效。安德烈告诉我，在很长的一段时间里，他把他俩视为对手关系，想象着她头上有一片乌云，而自己的头上有一轮璀璨的太阳。这种想象强化了他对二人关系的看法，但却无助于他与埃米莉亚的相处，特别是他每次谈话之前都会做好战斗的准备。因此，他想改变这种印象，他开始将两人的关系想象成一个跷跷板，每当他们出现分歧时，他们就会坐上去努力保持平衡。这有助于改变他的态度。他不再将埃米莉亚视为对手，而是将她视为合作者。

你可以自行选择合适的形象来代表你和同事之间令人苦恼的关系。比如，你可以想象自己和同事坐在桌子的同一边，一起解决一个问题——你们之间的不良关系。没有人想在工作中遇到死对头。因此，把这个想法抛到一边，想想如何让你的同事参与问题的解决，这本身就是合作而不是斗争。

原则五：依靠同理心换个角度看问题

"试着从他们的角度看问题"，这个建议你以前可能听过。我不知道你怎么想，反正当我面对一个缺乏安全感的领导或一个过度醉心于办公室政治的同事时，我最不想做的就是考虑他们的感受。当别人被动攻击、精于算计、行为刻薄的时候，我为什么还

_____

① 哈佛谈判项目：哈佛大学创建的一个专题项目，该项目旨在改善谈判理论、教学和实践，让人们可以更有效地处理从和平协议到企业并购等所有相关事务。

要关心他们的感受呢？

　　首先，我们往往会觉得自己受到的怠慢比预期的要严重。这是弗吉尼亚大学教授加布里埃尔·亚当斯在她的研究中发现的。那些感觉自己受到同事苛待的人会高估过错方想要伤害自己的程度。正如亚当斯向我解释的那样，"我们会给别人的行为灌输更多实际没有的意图"。

　　这种行为是双向的。在另一项研究中，亚当斯发现"犯错者"和"受害者"都容易对彼此做出最坏的假设。正如她总结的那样，我们都会"对彼此的伤害意图、造成的伤害大小、问题的严重程度、对方的愧疚程度等做出错误的归因"。如果你告诉自己，某个玩弄政治的同事就是有意抢你的功劳（因此不值得你同情），那么这不仅会对你的同事造成潜在的不公平，而且还会让你沉溺其中，做出报复或其他无益反应，而不是和睦相处。

　　最好先假定你的同事是无辜的。假设他们带刺的行为背后有一些根本原因（即使你不认同）。他们可能在想什么？他们想要达到什么目的？他们面临着什么样的压力？他们是否在工作上或在家里遇到了什么别的事情？为有害的行为寻求同情的解释（即使它们不是百分百正确）能够给你空间，减轻你受到的威胁感，从而让你做出深思熟虑的回应。

　　这是我从我女儿身上反复学到的一课。她九岁的时候，我们开车在离家不远的高速公路上行驶。由于前方交通拥挤，我们放慢了速度，这时两个骑摩托车的人从车道之间呼啸而过。他们轻松地以每小时 90 英里①甚至 100 英里的速度往前冲，而且两个人

----

①1 英里 ≈ 1.6 千米。——译者注

都没有戴头盔。我认为这是个教育女儿的好机会，于是我开始斥责那两个摩托车手："真不敢相信他们开得这么快，而且还没戴头盔！这太危险了。"我女儿也加入了进来，而且表现得很愤怒："他们应该更清楚才对，他们是大人了！"我笑了，感到很满足，因为她学到了一些关于安全的知识。沉默了几分钟后，她说："妈妈，也许他们在去买头盔的路上。"

现在，我99%肯定那些摩托车手不是在去买头盔的路上，但她的话是一个完美的提醒，让我试着慷慨地从别人的角度来看待紧张的态势。不管是对是错，她的言论软化了我们的对话，也软化了我们对那些摩托车手的立场。

提醒一句：从同事的角度看待一个充满敌意的情况确实需要心理资源，所以要小心，不要太专注于站在别人的角度考虑问题，而忘记考虑自己的需要。在把注意力转向同事之前，先对自己的遭遇给予同情。（更多关于冲突中自我照顾的重要性，请参阅第十四章。）

原则六：明确自己的目标

当你试图解决你和同事之间的不良关系时，无论何时都要清楚地知道自己想要的是什么。明确自己的目标可以帮你避免卷入任何闹剧，从而专注于寻求建设性策略。

你想让一个停滞的项目继续推进吗？你想完成你们共同努力的计划然后开始下一个吗？你想有一个健康的工作关系而且将来一直持续下去吗？你希望与他们互动后不再感到那么愤怒或沮丧吗？你希望你的同事停止破坏你的成功吗？

我建议列出你想要实现的目标（或大或小），然后圈出最重要的一个、两个或三个。你的目标将有意识和无意识地决定你的行为。比如，如果你的目标是避免与悲观的同事陷入冗长的讨论，而不是帮助他们意识到自己唱反调是如何拖累团队的，那么你会做出不同的决定。

可以把目标设得低一些。通常，只要专注于保持正常运转的关系就足够了。如果你能做到不会因为他们的名字出现在你的收件箱而感到毛骨悚然，或者不会因为他们在你的脑海中而夜里失眠，那就是一个巨大的胜利了。就算是一个最小的目标也绝对没问题，比如"当我和家人共进晚餐时，不要想起这个人"。

你可能会有多个目标。比如，如果你正在与缺乏安全感的领导争论向高层领导团队报告哪些指标，而他给你发送了一些言辞激烈的邮件，质疑你在网站分析方面的经验，那你的目标可能是：提出一组你们都能接受的统计数据，以及确保高层领导团队了解你的专业知识。你也可以设定在重要会议之前减少激烈交流这样的目标。

不要因为你的隐秘动机而迷失方向。例如，在面对过度玩弄政治的同事时，你可能会说你的目标是不要再担心他们会破坏你。但你真正想要的是让他们付出代价：被解雇，或者让他们感受和你一样的痛苦，或者让公司里的每个人都知道他们是虚伪的政治操弄者。隐秘的动机往往会影响你的互动方式，导致你使用过于挑剔或居高临下的措辞或语气，从而损害你实现既定目标的能力。意识到你的隐秘（或者其实没那么隐秘）动机很重要，所以连同其他的目标一起，把它们大声说出来或记录下来。然后试着把所有的不良意图（不管它们看起来多么合理）抛到一边。

当你决定了目标以后，把它们写在一张纸上。研究表明，生动地描述或描绘自己目标的人实现目标的可能性是其他人的1.2~1.4 倍，自己亲手记录的目标更有可能实现。在与同事进行任何互动之前，查看你的目标，这样你就可以专注于目标，不偏离。

原则七：尽量避免八卦

"是我的问题，还是葛丽塔这周脾气特别暴躁？"

当工作中出现问题时，我们有很多理由求助于他人。也许是为了确认你没有误解一封含糊不清的邮件，也许是为了确定你需要谁的支持才能推动停滞不前的跨部门计划，也许是为了寻求安慰。如果你的同事回答："是的，葛丽塔看起来确实挺暴躁的。这是怎么回事？"你就会松一口气：不只是我的问题。

在与难相处的同事打交道时，无论是线上交流还是当面进行，这种私下交谈都会特别复杂。老实说这就是：八卦。

在第十章中，我谈到了如何应对你的野心家同事的流言蜚语，还指出了接触谣言具有一定好处。职场八卦在增进同事关系和分享信息方面发挥着重要作用。当你发现玛丽娜也觉得金融部门的迈克尔很难共事时，这会培养一种联系感。如果你发现不只是你们两个希望迈克尔能更有团队精神（或者换一份工作），这种联系会变得更加紧密。你们基本上已经形成了一个小圈子，圈内的信息圈外人不会知道，特别是迈克尔。而且你的观点也得到了验证，所以你会因为自己是"对的"这种感觉而产生肾上腺素，并使多巴胺激增。

关于八卦有一个秘密：研究表明，八卦实际上可以阻止人们的自私行为。如果一名团队成员知道，他不合作或表现粗鲁就可能会有人说他坏话，那么从一开始这就能防止他行为不端。我认为，直接告诉某人他们的什么行为伤害了谁是一种更好的方法。但研究确实表明，八卦别人能间接地惩罚他们，还能警告其他人小心与他们合作的陷阱。

那这是不是表示你应该在背后议论同事？别着急，还有危险呢。首先，它会使你更容易受到确认偏见的影响。当然，迈克尔有时可能确实让人恼火，但是一旦你和你的工作伙伴开始谈论这件事，你们就更有可能对他未来的行为做出负面解读。于是，别人偶尔的失误开始被描绘成一种固有的特质，而"迈克尔很难相处"的故事就会变成一个自证预言。当其他人也开始参与对某位同事某个故事的讨论时，想要改变这个故事的难度就会骤增。此外，说长道短往往会给八卦的人造成不良影响。你也许能立即验证你想知道的消息，但你也可能因此获得违背职业道德的名声，或者最终会被贴上"难相处"的标签。

在你开始散布谣言说你的老板有多无能，或者和折磨你的部门领导一起工作有多难受之前，想一想你的目标。不管是为了改善你们的关系，还是为了感觉更好，或者是为了不顾阻力完成工作，先问问自己八卦对这种情况是有利还是有害。

向他人寻求帮助以理清自己的感受，或者询问他人以确定自己能够清楚地看待事情，这些都是完全合理的。但是，要谨慎选择谈话对象（和分享的内容），寻找那些能够提供建设性意见、关心你最大利益的人，当他们不同意你的观点时他们会挑战你的观点，对你们的谈话也会审慎对待。

原则八：通过试验找出有效方法

没有唯一的正确答案或完全可靠的方法能保证让你的"万事通"同事停止屈尊俯就，或者让你的被动攻击型同事以更直接的方式与你相处。我在本书分享了一些已经证明有效的策略，但你尝试哪些策略以及如何应用这些策略将取决于具体情况：你是谁，对方是谁，你们的关系性质，职场规范和文化，等等。

改善关系可能会让你不知所措，这也确实绝非易事。但是，如果先提出两三个想要试验的想法，你会感觉容易得多。通常，小行动也能产生大影响。设计一个试验：确定你要做出的改变，设定一段时间来尝试你的方法，观察效果如何。例如，如果你想改善与被动攻击型同事的沟通，你可以决定在未来两周内，忽略对方的语气，专注于他想传达的潜在信息。不要假设这会解决你们之间的所有问题，要将其视为一种测试，并且承认你可能会学到一些东西，即使你最终发现这种策略不起作用。之后，可以再设计一个试验，每一次都对方法进行调整。

要不断更新你尝试的方法，同时愿意放弃那些没有效果的方法。如果你已经尝试过在会后发送邮件确认每个人同意的任务，以此来解决同事不去落实跟进的问题，而这种方式并没有阻止你的同事在会议上说一套，之后又做另一套，那么就不用再重复这个试验，不要期待会有不同的结果。这种情况需要引入冲突专家詹尼弗·高曼–韦茨勒（Jennifer Goldman–Wetzler）所说的"建设性的、打破模式的行动"，即一种简单的"旨在中断过去的冲突模式"的行为。换言之，尝试一些你以前从未试过的方式，甚至是对方可能无法预料的方式。

原则九：保持好奇心

在面对消极的同事关系时，你很容易告诉自己，"这种情况会一直持续下去"，或者"为什么我要期待他们改变呢？"，又或者"我们就是合不来"。我不会告诉你，尽你所需去挽救一段麻烦的关系会很有趣甚或愉快，但自满和悲观一定不能解决任何问题。

因此，要保持一种好奇的心态。

研究表明，在工作中保持好奇心有很多好处，这些好处会让解决冲突变得更加容易。例如，好奇心已被证明可以帮助我们避免陷入确认偏见，防止我们对他人产生刻板印象。它还可以帮助我们远离"杏仁核劫持"，因为我们更有可能创造性地应对一些艰难处境，降低防御性和攻击性。

采取一种好奇的心态也有助于扰乱我们给自己编排的故事，特别是当我们不再得出贬抑性结论，转而开始提出真正问题的时候。例如，当你的同事伊莎贝尔开始驳斥另一位同事的建议时，不要告诉自己，"伊莎贝尔的反对又开始了。她就不会做点别的吗？"，而是可以问自己，"她怎么了？这感觉很熟悉，但我过去遗漏了什么？她为什么会这样？"

假设你有东西需要学习，并相信消极的关系可以扭转，这两方面都是采取成长型心态的表现。当然，在你感觉沮丧的时候，要产生并保持这种心态并不总是那么容易。当你陷入一种无益的思维模式时，要试着觉察它，然后后退一步，改变这种模式。不要去想"伊莎贝尔是……"，试着想想"伊莎贝尔有时相当消极，这只是一种看法。还有其他的选择吗？"，想一想和她一起工作的人，有没有真正喜欢和她一起工作的人？试着站在那个同事的角度思考。比如，当伊莎贝尔做了与你预期相反的事情时，试着寻找一些反面依据或例证，采取积极或中立的立场。

培养成长型心态的另一种方法是回想过去你或者别人发生改变的经历。想一想以前你在工作中或者其他地方遇到的情况：你和另一个人一开始相处不好，或者遇到点困难，但最终还是渡过了难关。依靠过去这些经历来挑战任何先入为主的关于人的不可变性的观念。过去你是怎么坚持下去的？是什么帮助你坚定了决心？

同时，也要关注你能从实现这些关系的目标中获得什么。展望未来。如果你实现了目标，会有什么改变？你的工作和生活将得到哪些改善？可以考虑将你在本章前面写下的目标张贴在你能看到的地方，提醒你成功的感觉以及成功会是什么样。这样做不仅可以帮你走出当前的困境，还会提高处理工作中遇到的其他棘手关系的能力。

● ● ●

解决冲突的道路可能会崎岖坎坷，你的一些试验也可能会遭遇惨败，你甚至可能会觉得情况变得更糟了。但不要失去希望——改变是可能的，关系不是一成不变的。正如著名的阿根廷心理治疗师萨尔瓦多·米纽庆（Salvador Minuchin）所说的："确定是改变之敌。"你不能确定你和同事的未来会怎样，所以要保持好奇心。它会让你摆脱固定的思维模式，这种思维模式可能会阻止你找到意想不到的解决方案。

无论你面对的是哪种难相处的同事，无论你决定接下来要做什么，将这九条原则牢记心头，这能提高你在工作中建立更牢固、更有意义的关系的概率。

九条原则总结

一旦你准备好采取措施去改善你与难相处同事之间的关系，你就可以使用下面的表 11–1 仔细确认你已经摆正了心态，并且选择了能够让你获得成功的策略。

表 11-1　与任何人相处都要记住的九条原则

原则一：专注于你能控制的事情	● 不要浪费时间试图说服同事改变；人们只有自己想改变才会改变 ● 专注于你可以改变的事情
原则二：你的观点只是众多观点之一	● 承认你和你的同事不会总是意见一致 ● 不要互相指责；团结起来寻找前进的道路 ● 问问自己：如果是我错了怎么办？我在做什么假设？
原则三：意识到你的偏见	● 了解你的偏见，这样当它们影响你的互动或者让你不公平地解读同事的行为时，你就可以察觉 ● 注意你可能会陷入"亲和偏见"，会被外表、信仰和背景相似的人吸引 ● 避免"确认偏见"，即倾向于将事件或证据解释为对现有信念的确认
原则四：不要想成"我和他对立"	● 想象冲突中有三个实体：你、你的同事和你们之间的关系 ● 使用积极、合作的形象（比如你和你的同事坐在桌子的同一边）而不是好斗的形象，以提高扭转不良关系的概率
原则五：依靠同理心换个角度看问题	● 假设你的同事是无辜的，问问自己："对他们的行为最慷慨的解释是什么？" ● 假设他们带刺的行为背后有一些根本原因（即使你不认同）
原则六：明确自己的目标	● 明确你对这段关系的目标 ● 把它们写下来并经常查阅 ● 小心任何隐秘动机可能损害你们友好相处的可能性
原则七：尽量避免八卦	● 抑制在背后议论同事的冲动 ● 谨慎选择谈话对象；找一个能提供建设性意见、关心你最大利益、敢于挑战你的观点、审慎对待你们谈话的人
原则八：通过试验找出有效方法	● 提出两三个想要试验的想法；小行动也能产生大影响 ● 根据你一路学到的东西，不断更新你的方法，同时愿意放弃那些没有效果的方法 ● 尝试一些你以前从未试过的方式，甚至是对方可能无法预料的方式
原则九：保持好奇心	● 采取成长型心态；相信你有东西需要学习，相信关系可以改变 ● 关注你能从实现关系目标中获得什么

第三部分

自我保护

第十二章

如果所有方式都失败了

先别放弃

跟你直说吧，我在这本书里给出的策略有时并不会奏效。你无法说服一个"万事通"认识并改变他们的傲慢方式，因为你的老板看重他们的这种过度自信。你的偏见同事拒绝了解他们的言论有多冒犯，尽管你试图告诉他们这点。你团队中的悲观主义者深陷于他们的消极方式，很明显他们是不可能改变的。

如果你一直在采取措施努力与同事相处，但是没有看到进展，那么在你认输之前，还有几件事情可以做。这些策略不会神奇地扭转局面，但它们会帮助你保护你的事业、声誉和完成工作的能力，让你不至于丧失理智。在下一章中，我们将讨论如何避免常见的错误，防止你让事情变得更糟。在第十四章中，我将分享一些建议，告诉你如何保护自己的总体幸福感，以及如何在冲突中取得事业的蓬勃发展。

在没有进展的情况下，也许是时候尝试以下策略了，可以是一种或多种：设定界限，减少接触；记录你同事的越轨行为和你的成功；将问题升级至有权解决的层级；如果其他方法都不管用，那就往前看。首先，我们来谈谈如何脱离。

划定界限

你可能听过一个老掉牙的笑话：一个男人去看医生，说自己肘部受伤。医生问他什么时候疼，他回答说："当我像这样弯曲的时候。"医生说："那就别这样弯曲。"

同样地，如果和你的问题同事打交道很有压力，那就减少和他们往来。和每天必须一起工作的人设定明确的界限并不容易，特别是如果你们的工作之间存在很高的相互依赖性的话。但这并非不可能。

美国作家兼治疗师内德拉·格洛弗·塔瓦布（Nedra Glover Tawwab）在《设定界限，找回平和》（*Set Boundaries, Find Peace*）一书中表示，"人们会根据你设定的界限来对待你"，她将"界限"定义为"帮助你在人际关系中获得安全感和舒适感的期望和需求"。当你和一位难相处的同事打交道时，什么样的界限才是健康的呢？

首先，要想办法尽量减少对他们的依赖。如果你与客户之间存在持续的冲突，你可以向主管解释情况，并建议另一位同等资历的同事代替你。如果你与财务部的某个人有矛盾，你可以与该部门的其他人建立新的关系。如果你的老板是问题所在，你可以申请其他部门的工作。总之，要在组织中建立更加广泛的关系网，并与你想要加入的其他团队中的人建立联系。

幸福感研究者米歇尔·吉兰（Michelle Gielan）描述了一种限制互动的策略，叫作"两分钟训练"（two-minute drill）。她建议问问自己：你需要从不愿合作的同事那里具体获得什么？一条信息？他们对项目计划的同意？从他们那里获得所需的最短时间是多少？如果你知道他们可能会做一些让你恼火的事情，比如说你们共同的老板的坏话，你有准备好的回应吗？怎样才能让你们的交流尽可能地简短和积极呢？

比如，如果你的悲观同事经常到你的工位来找你，或者跟你在视频电话里不停抱怨，你可以提前准备几句话用来退出聊天："我得为下次会议做准备了"或者"我保证会尽快回复这封邮件"。

塞巴斯蒂安是一家科技公司的工程师，当他的同事加布里埃尔频繁地让他感到恼火时，他就是这样做的。每当他们单独在餐厅时，加布里埃尔就会抱怨其他工程师。塞巴斯蒂安告诉我，根据加布里埃尔的说法，"别人要么完全不称职（95%的概率），要么非常出色（5%的概率）"。他甚至说过这样的话："这根本行不通，因为他们都是白痴。"塞巴斯蒂安经常看到加布里埃尔在会议上唱反调，影响了整个团队的情绪。

塞巴斯蒂安想要帮助加布里埃尔变得更有建设性，他说了这样一些话："也许这次会有用"或者"我相信在合适的情况下，劳里可以作出贡献"。但加布里埃尔的回答总是一样："你就是一个理想主义者。你会看到这些人是什么情况的，别说我没提醒你。"

最终，塞巴斯蒂安决定减少跟他在一起的时间。他尽可能避免与加布里埃尔合作项目。"我偶尔会征求他的意见，因为他有宝贵的见解，我需要让他感觉自己参与其中，这样他就不会反过来攻击我。但如果我请求了他的帮助，我就会特意确保不需要与其他人合作。"

塞巴斯蒂安在这里采用的策略叫作"工作重塑"（job crafting）。这是一种主动重新设计自己的角色，以使工作变得更有意义更少消耗的过程，研究表明这种过程能够提高工作满意度和幸福感。这一策略有几种形式：任务重塑，你可以改变工作当中的任务的类型、范围或数量；认知重塑，你可以改变对你所做工作的解读或思考；关系重塑，你可以变换工作中与你互动的人。虽然关系重塑与应对烦人的同事最为相关，但这三种方法都可以帮助你在工作中远离麻烦的同事，将注意力从他们身上转移。首先，考虑所有可能的方式，尽量减少与他们相处的时间，多与那些可以激励、启发和支持你的人合作。

此外，想想如何与那些让你局促不安的人沟通才最有效。和他们通过邮件交流会不会更容易一些？或者快速和他们通个电话，事情会不会不再那么复杂？找出对你来说压力最小的方式，坚持明确的界限。有时一句简单的"我更希望通过电话来解决这个问题"就够了。

如果没有办法减少你与难相处同事的接触，那么试着让你和同事的相处变得轻松一些。想办法把它们变成一个游戏。比如，看看有多少次你能让加布里埃尔这种顽固的悲观主义者说一些积极的话或者笑一笑。如果你成功了，把它视作一个小小的胜利。这会让你在保持情感距离的同时重新获得控制感。

记录他们的越轨行为和你的成功

记录下对方的不良行为是很有帮助的，尤其是当你需要向当权者证明你的同事正在造成切实伤害时。对于每一种可能的冒犯行为，你都要记下时间、地点、说了什么或做了什么、是谁做的，以及当时谁在场。不要只记录同事的行为；也要记下你自己的回应。如果领导者看到了某种行为模式，而且了解你或者其他人已经采取措施解决问题，他们会更愿意进行干预。这可能会很辛苦，但长期保持这样的记录有助于表明虐待行为是持续存在的，而且具有破坏性。

另外，还要记录你取得的成功，这样你的成功就不会因为你的同事或你们之间的紧张关系而被削弱。随时记录你正在做的事情以及你提出的任何想法或建议。定期让你的老板了解你取得的成绩，即使是每周一封简短的电子邮件也可以。不要认为这是在自夸；这是为了证明你在公司的价值。如果你的同事是个想抢你风头的"万事通"，那么这个策略会格外好用。

还要想办法让组织中的其他人也知道你的出色工作。向公司其他部门或高层的人介绍自己，比如自愿参加一个跨职能项目，或者加入一个有权势的高管支持的重点项目。培养新的人脉能够给你提供广泛展示自己才能的机会，理想情况下还能证伪同事可能散播的关于你的虚假信息。

我的一个朋友非常机智，她通过记日志的方式列出自己正在做的工作以及取得的所有显著成就。她开始这样做是为了对抗一位悲观同事的消极情绪，但她后来发现在考核期完成自我评估时，这很有用，而且每当她与高管会面想要谈论自己的成就时，这也能提供帮助。

将问题升级至有权解决的层级

你永远都可以选择向组织中更高层级的人寻求帮助，比如你的领导或其他管理者，他们可以为你提供建议，给予难相处的同事直接反馈，甚至在他们行为越界时谴责他们。

在任何情况下，这一举措都不是很好把握，特别是如果那个难相处的同事就是你老板的话，所以你需要仔细权衡利弊。升级问题会损害你的形象吗？如果你的同事发现你背着他们行动或是找人帮忙，这是否会产生进一步破坏你们关系的风险？你求援的人会相信你或站在你这边吗？

如果你确实和别人讨论了同事的行为，那么尽量避免表现得像个爱抱怨的人。要清楚表明你这么做不是出于嫉妒或报复。要把这种讨论作为与同事建立良好工作关系的努力，而不是陷害别人的借口。如果你面对的是一个善于跟上级搞好关系而且可能有强大盟友的政治高手，那你就要格外注意这一点。同时，要准备好向别人解释到目前为止你为解决问题所做的努力。

如果你能将同事的问题与公司业务受到的具体影响联系起来，效果会更好。以领导者关心的方式阐明他们如何损害团队绩效，并提供大量的证据支持你的说法。（这时候详细的记录就派上用场了。）如果你对事件的描述能够得到证实，那就更有说服力了，所以要确认其他人也目睹了负面行为，并愿意在必要时与你站在一起。

你还应该考虑把问题上达给谁，以及他们有什么样的能力或动机。谁是合适的人或部门？他们愿意帮助你吗？他们会谨慎处理吗？他们是否有能力或权威给你的难相处同事以反馈？他们是否有足够的动机采取行动？求助于他人有时候不会奏效，尤其是当他们没有能力（或不愿意）解决这些问题时。此外，如果他们为你解决了问题，也许是关起门来解决，那么你就无法培养出将来解决类似问题所需的技能。

如果是去找人力资源部呢？罗伯特·萨顿提醒说，希望人力资源部甚至法务部迅速采取行动的想法受到了误导。让我们现实一点：很少会听说有人在处理棘手的同事关系时向人力资源部求助，并获得有意义的帮助（尽管确实也有）。正如萨顿告诉我的，"在大多数公司，人力资源的存在不是为了成为你的朋友，而是为了保护机构"。提前做好调查，看看人力资源部门过去是如何处理类似情况的。如果他们过去并没有提供帮助，那你可能需要求助于某个了解你和你同事情况的人。

在去找潜在的盟友之前，无论他们是你的领导、领导的领导、人力资源代表还是其他人，你都要考虑他们过去是如何处理类似情况的。他们给出了好的建议吗？如果他们提供了帮助，他们会坚持到底吗？他们让事情变得更好还是更糟了？这些问题的答案将帮助你判断升级问题是否是一个好主意。

你应该辞职吗？

因为与某人发生冲突而辞职显然是一种极端的反应，我不会轻易推荐这种策略。但有时，这是正确做法。

在表示自己受到苛待的人当中，大约有 1/8 的人因为这种无礼行为而辞职。关于辞职我很纠结。一方面，我意识到这不是每个人都能做到的。出于经济原因或者安排协调方面的难度，无论你与同事的关系变得多不正常，你可能都无法辞职。你可能要偿还抵押贷款，或者你的家人靠你的薪水和福利生活，又或者你所在的行业职位空缺很少。

如果你很痛苦，但你觉得现在还不能辞职，那就设定一些底线，决定自己要待多长时间。看到隧道尽头的曙光会让你离开之前的日子变得没那么难受。也许你可以告诉自己："我会再坚持四个月，如果这三件事在此期间没有改变，那我就开始发简历找工作。"关键是要避免让自己觉得被困住了，因为这只会加重你的痛苦。

另外，如果你已经用尽了其他选项，包括寻求上级领导的帮助，或者在公司内部谋求可能的调动，那就问问自己是否值得坚持下去。正如一位受访者告诉我的那样，"我不得不辞职，因为精神折磨及其对我健康的影响"。任何人都不应该在工作中遭受这样的痛苦。

我问过萨顿，如果被一段充满挑战的关系压得喘不过气的话，他会如何看待辞职，他说这是一个"被低估"的选项。"我非常支持辞职，"他说，"在和'有毒'的人一起工作时，忍耐的毅力有些过头了，一般情况下，人们决定辞职的时候太迟了，因为他们已经承受了很多后果。"

他指出，辞职的一个好处是你可以尝试不同的东西。他说，"邻家芳草绿①，别的工作总是看起来更好"，尤其是在你痛苦的时候。几年前，萨顿离开了斯坦福大学，在加州大学伯克利分校哈斯商学院找到了一份工作，希望这能带给他更多机会，让他摆脱一些不良关系。但是，仅仅一年后，他就回到了斯坦福大学，接

①"邻家芳草绿"：取自谚语"The grass is always greener on the other side"，即"邻居家的草看起来总是更绿"，也就是中文常说的"这山望着那山高"，意指不满足于现状，不知足，总觉得可以更好。——译者注

受了工程学院的一个职位，还减薪30%。他说："我觉得我现在是'芳草黄'①俱乐部的一员。我和很多人一样，离开了原来的雇主，然后又回来，因为新的经历告诉我，我原来拥有的并没有那么糟糕。"有时候，试试水是件好事，看看你在不同的环境中是否真的会更快乐。（可以仿效萨顿的做法，如果可能的话，对你现在的雇主也要敞开大门。有选择总是好的。）

如果辞职对你来说具有现实的可能性，那么在跳槽之前考虑一下你想做什么。在可行的情况下，最好是为了什么别的原因离开，比如为了更积极的企业文化，不要只是为了逃避糟糕的情况。哈佛商学院的鲍里斯·格鲁斯伯格（Boris Groysberg）和罗宾·亚伯拉罕斯（Robin Abrahams）的研究表明，急于离职是人们在换工作时最常犯的错误之一。他们写道："通常，求职者对目前的工作职位非常不满，以至于不顾一切地想离开。他们没有规划自己的职业发展，而是从一个地方突然换到另一个地方，在求职过程中人为地施加紧迫感，而不是等待合适的工作机会。"

在迈出这一步之前，先想清楚几个问题：如果你离开，你会在哪些方面变得更好（具体一点）？在你离开之后，你打算如何利用你的时间和精力？（如果你没有找好另一份工作，这一点尤其重要。）在新的环境中，你想从人际关系中得到什么？

请记住，辞职通常不是一个立竿见影的解决方案，当然更不应该冲动行事。给自己一点时间来精心准备你的简历，扩大你的人脉关系网，和那些也许能给你的跳槽提供支持的人交谈。然而，

---

① "芳草黄"：原文"grass is browner"，与上文的"邻家芳草绿"相对，意指不再认为外面的风景更好，不再对自己的现状不满。——译者注

在有些情况下，冲突已经非常严重了，这时立即断绝关系才是最好的。比如，要是危及你的身心健康或者失去你的好名声，这就不值得了。只有你自己才能决定什么时候是极限。

• • •

请记住，本章中的所有策略都是最后的选择，只有在你与同事改善工作关系的善意尝试未能扭转局面时才能使用。还有一些策略我建议你无论如何都要避免，因为它们只会让事情变得更糟，我将在下一章中介绍。

13

第十三章

很少奏效的方法

这些方法只会让事情更糟

对于那些正在应付难相处同事的人，我最喜欢问的一个问题就是："如果你可以做任何你想做的事情，你会怎么处理这种情况？"

我让他们把经济顾虑、社会规范和其他所有影响都先放到一边。答案应有尽有，有实用的，有娱乐的，还有挺吓人的（有很多人想往讨厌的同事脸上揍一拳！）。许多人幻想着来一场戏剧性的辞职。有些人只想直截了当地告诉同事他们的感受。天知道我在遛狗的时候脑子里冒出的那些恶狠狠的回击。

我问这个问题有两个原因。第一，我想让人们对他们可能做出的反应进行更广泛的思考，通常在没有约束的情况下，他们会选择一个可能真的有效的策略（不是揍某人的脸）。

第二，这可能是一个发泄沮丧情绪的有效方法。几年前，有一次和母亲一起开车外出，我注意到她在以一种奇怪的方式观察并移动她的手，她好像很痛苦。我问她发生了什么事。当时，她是康涅狄格州议会的说客，是 30 多个非营利组织的代表。她的生活充满了富有挑战性的对话，她有无数关于同行的说客、客户和立法者的故事，这些人符合本书提到的许多类型。在回答我的问题时，她举起她的手，笑着告诉我："这是一位立法者。"她解释说，她正在和这位"手"立法者进行一场激烈的争论，她知道他们永远不可能面对面。这是她释放压力的方式。

我将在第十四章对这种积极应对机制进行更多的讨论，但首先，我想看看那些效率较低的方法，我们有时会倾向于选择这些方法，即使我们知道它们不会起作用或可能适得其反。避免采用这些策略可以防止你让事情变得更糟。它们可能会在短期内缓解你的痛苦，但最终会对你和对方以及你们的组织不利。

压抑你的情绪

当你对一位很难应付的同事束手无策，感觉自己已经试尽了所有方法的时候，好心的朋友和同事可能会告诉你"忽略它"或"忍一忍"，继续你的生活。如果你真的能够放手，这也不失为一个好建议。但通常我们决定什么都不做，但最终却做了一大堆事情，比如对情况焦虑不安，对伴侣喋喋不休，变得被动攻击。压抑我们的情绪很少能有帮助。

《情绪可控力》（*Emotional Agility*）一书的作者苏珊·戴维

（Susan David）写道："压抑自己的情绪，难过的时候什么也不说，这会导致不好的结果。"她解释说，如果你不表达自己的情绪，它们很可能会出现在意想不到的地方。

心理学家称之为"情感泄露"（emotional leakage）。戴维解释道："你是否曾经沮丧地工作了一天之后对你的配偶或孩子大喊大叫，而这种沮丧与他们无关？当你压抑自己的情绪时，你很可能会用意想不到的方式来发泄自己的情绪，比如讽刺挖苦别人，或者在完全不相关的情境中表达出来。压抑情绪与记忆力差、人际关系困难和生理损耗（如心血管健康问题）有关。"换句话说，忍耐通常不会降低你的压力水平，反而会提高它。

你可能会把负面情绪发泄在无辜的旁观者身上，这并不是避免采用这种策略的唯一原因。《如何拥有美好的一天》（*How to Have a Good Day*）一书的作者卡罗琳·韦布（Caroline Webb）指出，尽管对一个难相处同事假装不生气的意图可能是好的，也许你是想保持这段关系，但他们仍然可能感觉到你的愤怒。她告诉我："由于情绪传染，他们也许意识不到你对他们怀有消极情绪，但这仍然会对他们产生影响。即使是远程办公环境，你的被动攻击性也会表现出来。"研究表明，不只是你会受到压抑对身体的影响。如果你隐藏愤怒或沮丧，你周围人的血压也可能会上升。他们可能不清楚你的感受和想法，但他们同样能注意到潜在的紧张。

报复

对苛待行为的另一种诱人反应是以牙还牙。如果你的被动攻击型同事在会议上是一个说法，但会后却是完全不同的做法，那为什么不对他做同样的事呢？或者，如果你的悲观同事会给你的想法挑出无数个漏洞，那么当他提出新的建议时，你为什么不把他的建议推翻呢？不幸的是，和他们一般见识通常是行不通的。你只会强化这种双方对立的感觉，而不能给你们的关系一个改变的机会。报复通常还会影响你的形象。更糟糕的是，它违反了你的价值观。

为了避免屈服于报复的欲望（这是可以理解的），你要保证按照自己的价值观行事。有时候，记下来会有帮助。你关心的是什么？什么对你最重要？如果你不确定，可以参考一套普世价值观，比如社会心理学家谢洛姆·施瓦茨（Shalom Schwartz）和他的同事确立的价值观，看看你对哪些有共鸣，并将它们按重要性排序，见表 13-1。然后，当思考如何应对不自信的老板或有偏见的同事时，你可以参考这个列表，确保你选择的策略与你的价值观一致。

表 13-1　共同价值观

价值	描述
自我定向	独立的思想和行为——选择、创造、探索
刺激	生活中的兴奋、新奇和挑战
享乐主义	个人的快乐或感官上的满足
成就	根据社会标准，通过展示能力实现个人成功
权力	社会地位和声望，对人和资源的控制或支配
安全	安全、和谐、社会的稳定、关系的稳定和自我的稳定
传统	尊重、承诺和接受传统文化或宗教提供的习俗和理念
仁慈	维护和增进个人经常接触的人的福祉
普遍主义	为了所有人类和自然的福祉而理解、欣赏、忍耐、保护

资料来源：Adapted from Shalom H. Schwartz, "An Overview of the Schwartz Theory of Basic Values," Online Readings in Psychology and Culture 2, no. 1 (December 2012).

羞辱

当我和符合这八种类型之一的人打交道时，我经常幻想给所有认识他们的人发一封电子邮件，揭露他们的不良行为。我的（有缺陷的）逻辑是，如果苛待我的人受到足够的羞辱，他们将被迫改变自己的方式。

事实上，这种做法确实行不通。因为羞耻感很少能激励我们表现得更好；更多时候，它会让我们更猛烈地抨击。

我喜欢布琳·布朗[①]（Brené Brown）区分羞耻和内疚的方式，以及对其相对用处的解释：

我相信内疚是有适应性的，也是有益的——它让我们做过或没做过的事情与我们的价值观相抵触，让我们感到心理上的不适。

我将羞耻定义为一种极度痛苦的感觉或经历，认为我们有缺陷，因此不值得被爱和归属——我们经历过、做过或没做过的事情让我们不配与人建立联系。

我不认为羞耻是有益的或是有成效的。事实上，我认为羞耻感更有可能成为破坏性和伤害性行为的根源，而不是解决方法或对策。我认为对切断联系的恐惧会让我们变得危险。

让你的同事觉得他们是坏人，给他们贴上种族主义者、混蛋或扮演受害者的标签，这不太可能会改善你们的关系。

[①] 布琳·布朗：美国休斯敦大学社会工作研究生院的助理研究教授，研究课题包括脆弱性、勇气、真实性和羞耻，PBS、NPR、TED和CNN上都有她的作品。——译者注

同样地，贬低一个难相处同事也无济于事。我们很容易把伤害我们的人妖魔化，但憎恨他们只会让你们彼此对立。相反，要确保每走一步都要提醒自己，你是在和一个人类同胞打交道，而不是机器人或大反派。正如韦布告诉我的，"将他们视为一个有弱点的人——就像你一样——这可能是有力化解紧张的第一步"。

希望你的同事离开

我们很多人都指望自己能比难相处同事坚持得更久，所以会专注于让现状勉强维持，直到他们被解雇或换工作。但是要小心，不要把所有的鸡蛋都放在"最终他们会离开"的篮子里。萨顿警告说，有时"清理坏苹果"①并不能解决问题，特别是如果你同事的可憎行为得到了组织文化的认可。他表示，防止无礼行为通常还需要一些其他的改变，比如"激励制度、谁被提拔和奖励、会议如何进行以及人们所承受的压力"。

几年前，一家医疗保险公司的人力资源主管让我培训员工如何进行高难度谈话。她解释说，该公司的文化等级森严，很难让人们畅所欲言，尤其是那些挑战现状的想法。九年前，该公司曾做过一项调查，结果显示员工认为这里是一个"命令和控制"盛行的环境。高管们决心要改变，于是发起了几项文化变革计划，并聘请了一些以更具合作精神、风格不太专制著称的新领导人。

①"清理坏苹果"：来自谚语"a bad apple can spoil whole bunch"（一个坏苹果会毁掉一篮子好苹果），意指害群之马。——译者注

这些领导人还替换了他们的团队成员，因此在这九年时间里，几乎80%的员工都更换了，包括领导团队中的大多数人。但当他们再次进行文化调查时，他们得到了几乎完全相同的结果。人力资源主管感到很恼火，她告诉我："感觉这里毫无希望。"

有时，问题不在于个人，而在于允许，甚至在某些情况下鼓励敌对而非合作的体制。体制很难改变。希望难相处同事自己离开，这个梦想可能会实现，但这并不能保证文化会改变，也不能保证你会和他们的继任者相处得很好。因此，你最好现在就努力与同事建立一种可行的关系，而不是寄希望于他们离开后情况会有所改善。

● ● ●

你是否总能避免这些有缺陷的回应呢？不会，人无完人。但是，如果你发现自己试图假装若无其事，试图扳倒你的难相处同事，或者等待其他人帮你摆脱他们，那么请你深呼吸，回去查看那些针对你当下应付的特定类型所给出的策略，或者回到第十一章给出的九条原则，然后试着把问题处理好。

无效的方法有其诱惑力。但是如果你的轮胎漏气了，你不能通过划伤其他三个轮胎来解决问题啊。如果你选择的第一种策略（或几种策略）失败了，那就尝试其他策略或者寻求帮助。也许你的领导、朋友或同事可以给你提供一个新颖的解决方案。关键是要坚持下去；记住，即使是很小的改进也会带来很大的不同。

14

第十四章

照顾好自己

你的幸福是第一要义

　　我是咒语迷。我会把它们写在便签上贴在桌子上。当我要处理一个困难的项目或写一封棘手的电子邮件时，我会对自己大声地说出咒语。当我在努力寻找合适的咒语时，我会经常发信息问朋友："我今天能借一句咒语吗？"

　　准确地说，咒语是一个词、一个短语或是一个句子，用于在冥想过程中重复念诵，以帮助集中注意力和意识。我的用法有点不同。我会反复对自己说，"这一切都会过去"，"一切有始有终"，或者"你只能控制你能控制的"，借此提醒自己在紧张的关系中保持冷静，维持己见。我们都可以更多地使用这样的点拨来提醒自己什么是重要的，并让自己远离"杏仁核劫持"，尤其是在应对一个被动攻击型同事或一个似乎决心要削弱我们的领导时。

处理工作中的冲突，这条道路很少是平坦的。有时同事们不会回应你想要和解的善意和努力。有时你会想为什么你总是要做"真正的成年人"。有时你会看到一点进步的曙光——你和同事开始相处融洽，结果公司的一些变化或紧张的项目又让他们变回原来的样子。

正因如此，在这个过程中照顾好自己，这一点至关重要。无论你是刚刚开始应对消极情绪，还是多年来一直在努力改变现状，你的健康和幸福应该始终需要优先考虑。

在本章中，我将分享一些保持心理健康的策略，包括一些咒语。我希望这里的建议能够减少不良关系给你造成的伤害。

控制好"可控的"

没有人喜欢陷入困境。因此，要采取措施增强控制感，即使你无法改变一切。关注那些你有能力影响的事情，不管它们看起来多么微不足道。

可控的也许是相当基本的。也许你无法决定你的同事如何对待你，但你可以通过好好睡觉、好好吃饭、好好锻炼以及去户外多走走来构建自己的防御力。我知道，完成所有这些基本事项有时会让人觉得难以承受，因为一天的时间永远都不够用。所以从小事做起，专注于一个领域的进步，可以是提高睡眠质量，也可以是坚持更加稳定的锻炼计划。

在支配自己的时间和精力上越自由，你就越不会感到被束缚。我的一个朋友在一家非营利性医疗机构工作，她的领导缺乏安全感，事无巨细地管理她所做的一切。她能够容忍领导的行为，是因为他们是远程办公，她可以或多或少地控制他们互动的时间和方式。她的领导永远不可能一声不响就走过她的办公桌。

此外，她觉得领导的缺点值得忍受，是因为她喜欢这份工作，而且在她两个儿子还小的时候，这份工作给了她想要的时间灵活性。但随着孩子们长大，她越来越难以忍受她的领导。作为家里的经济支柱，她不能辞职，她试图找一份能给她同等福利和灵活性的工作，但起初没有其他选择。

她没有举手投降，而是从小事做起，她称之为"咖啡约会攻势"。她开始线上或者当面邀请朋友和熟人出去喝咖啡。她不知道这些谈话会带来什么结果，也没有找到具体的新工作或新公司，但迈出这一步给了她一种掌控感。每次谈话结束时，她都会问同一个问题："你认为我还应该和谁见面？"她在电子表格中跟踪了这些交流，并附上了每次会面的记录以及她被推荐的对象。这样试了一年，在 37 次咖啡约会之后，她早些时候见过的一个人主动联系了她，提出他的公司有个职位空缺。她得到了那份工作。摆脱了缺乏安全感的领导以后，她如释重负，但她告诉我，她很高兴自己没有仓促找一份临时的新工作。

说到恢复我自己的控制感，我在我的桌子上放了一张便笺，上面写着从我朋友凯瑟琳的女儿学校借来的咒语。每天上学一开始，他们都会一起背诵：

我的身体很平静。
我的心是善良的。
我是我大脑和思想的主人。

当我在处理一封讨厌的邮件或准备进行一次艰难的谈话时，我会大声地把它读给自己听。这是一个很好的提醒，即使当我感觉自己迷失在龙卷风一般的混乱之中时，我仍然可以在一些事情上拥有自主权。

有效地发泄

在第十一章中，我谈到了为什么最好避免散播难相处同事的八卦。然而，我并不是建议你完全避免讨论冲突。发泄是一种健康的减压方式。私下（与你信任的人）分享你的感受将有助于防止消极情绪泄露到你与同事的互动中或生活的其他方面。

或者考虑以书面形式发泄。多年来，我的朋友、领导力专家艾米·珍·苏（Amy Jen Su）分享了记日志帮助她整理自己想法的过程。我现在也养成了这个习惯。在电脑或手机上打开记事本或空白文档，花上一个固定时间，比如四到五分钟，描述你对一个困难情况的感受。不要顾虑你写了什么；只是记下你想到的一切——好的、坏的、可怕的。稍后再查看你所写的内容可能会有帮助。注意你对这段关系的情绪是如何演变的，这能让你产生一种进步的感觉。或者相反，删除或扔掉你的笔记也许会让你感觉很好，它象征着你把这个情况抛诸脑后，继续前进。

建立微文化

即使是一段消极的关系也会给你的工作生活蒙上阴影。但如果你仔细观察，你经常会发现对积极互动感兴趣的同道中人。情商专家安妮·麦基（Annie McKee）称之为创造"微文化"（microculture）。与其让有害的关系主宰你的工作体验，不如确定你需要什么才能在工作中保持高效和快乐，然后与那些致力于相似目标和价值观的人建立一个联盟。正如麦基所写："你可能无法凭一己之力改变整个组织的文化。但你可以掌握主动权，亲自去创造一种能引起共鸣的微文化，选择你最有可能取得成功的地方：你的团队。当你是团队领导者时，这可能更容易做到，但你是否处于领导地位并不重要。"拥有一群支持你、不会伤害你的盟友可以抵消一个难相处同事对你的影响。

当一个受访者意识到她与缺乏安全感的领导之间的关系不太可能改变时，她向自己承诺，要为和她打交道的人营造一个更加有效运转、更能相互支持的工作环境。她解释道："我发誓要保护我的下属，我问自己：我如何才能为他们创造一个安全的空间，让他们能够有效地工作？"这也给她带来了很大的变化："我想创造一个其他人都乐意来工作的地方，这对我也产生了同样的影响。我不再害怕与老板互动，而是期待着去工作，去见我的团队。"

工作之外要有自己的生活

当工作让你沮丧时，不管出于什么原因，有个别的可以集中注意力并获得满足感的地方总是好的。乔治城大学教授克里斯汀·波拉斯的研究表明，工作之外的充盈与工作中的成功密切相关。"掌控你的个人生活。培养兴趣爱好，建立社群，经营亲友关系，这些会让你在工作中表现得更强大、更有弹性。即便出现消极的人和关系也不会让你偏离正轨。"她解释道。针对经历过职场无礼行为的人，她做过一项研究，其中那些称自己在非工作活动中表现出色的人，他们的健康状况改善了 80%，在工作中的表现提高了 89%，对自己处理同事虐待行为的满意度也提高了 38%。

艾米·珍·苏也表示赞同："确保自己身边都是好人。健康的互相支持的关系是自我照顾的重要组成部分。不要因为工作而忽视了你生命中最重要的人。利用白天的休息时间或通勤时间给你的朋友和爱人打电话，并在工作之外留出大量时间来培养人际关系。"当你因为难相处同事而感到沮丧时，这些关系会让你振作起来。

增强人际关系弹性

因为相处之路往往崎岖不平，所以当遇到障碍时，你需要力量来反弹。当一个悲观同事把你们的会议变成牢骚大会或一个"万事通"让你在老板面前无地自容时，挖掘你的情感储备可以帮助你坚持下去。

要做到这一点，方法之一就是回想你的过去。你的生活几乎肯定会有失败、遭遇挫折或担心自己不具备成功所需条件的时候。那么，你是怎么渡过难关的？你采取了什么措施？谁给了你支持？要提醒自己，你曾经克服过挑战，即使在你觉得胜算不大的时候。

如果你的同事让你觉得你不擅长自己的工作，回想一下你感觉被重视的时刻。可以翻一翻之前收到的积极的业绩评估或重新查看一下你的赞美收集文件夹（见第三章）。通过一些努力，你甚至可以发现不良关系本身藏着的一线希望。也许你从中学到了一些有用的东西，或者它磨炼了你的心志，使你能够处理未来棘手的人际关系。这一过程被称为"益处发现"（benefit finding）。研究表明，发现消极事件中的积极意义可以增强韧性、增进福祉、促进健康，提高应对挫折的能力。

对我来说，在一些咒语的帮助下（当然需要），时刻牢记大局就可以补充我的心理资源储备。下面是我最爱的一些咒语：

- 我看世界的方式与周围的人不完全一样，这没关系。
- 每个人都在经历一些事情，我们都有不同的方式来应对不确定性、悲伤和压力。
- 人们承受的压力，我不是总能看到，也无法完全理解（可能也不完全跟我有关系）。
- 比较我们面临的挑战和痛苦对我、对任何人都没有帮助。
- 此刻，我们都在尽自己最大的努力。我们都可以做得更好。

这些年来，我通过心理治疗学到了其中一些理念。职场心理健康专家凯莉·格林伍德（Kelly Greenwood）表示，当人们在工作中处理棘手的人际关系时，他们通常会把看心理医生作为最后的手段，但她认为这"应该发生在更早的阶段"。你特别需要注意自己是否感到心烦意乱、行动迟缓、生气或易怒；睡眠不好或睡眠过度；依赖酒精或食物来安慰自己；或者因为和一个难相处同事的不良互动而脱离朋友和原本喜欢的活动。这些可能是抑郁或焦虑等心理健康问题的迹象，而职场因素可能会引发这些问题。但是，格林伍德说："你不是非得有可诊断的心理疾病才能去看医生，标准应该是你对自己的心理健康是否感到满意。"一位训练有素的心理医生可以帮助你制定解决冲突的策略和应对机制，以维持你的健康。

要学会自我同情

我在本书中多次讲到对难相处同事要有同理心。但关注另一个人有时会分散你对自我需求的关注。因此，要确保对内也有同理心。你可以告诉自己："可以难过，没关系的"，或者"我是谁并不会受这个人的观念影响"。在这些时刻，自我同情会帮助你保持专注。

不要纠结于改善关系的失败，或者责备自己脸皮不够厚，要善待自己。研究已经证实了自我同情的无数好处，包括更强烈的成长和改善愿望、更高的情商和更强的韧性。它还会让你对他人更有同情心。

得克萨斯大学教授克里斯汀·内夫（Kristen Neff）是自我同情的主要研究者之一，她将自我同情定义为三个要素。一是，意识到你的负面情绪。为了承认它们，你可以告诉自己："现在很困难"，或者"我感觉很紧张"。二是，感知共同的人性，或者意识到其他人也面临类似的障碍。提醒自己，"我不是唯一一个必须处理高难度关系的人，我并不孤单"。三是，善待自己，有很多方法可以做到这一点。问问自己，"我现在需要什么？"或者"现在我为自己做点什么好呢？"

如果你从没接触过这些，那你可能需要练习。在一天的开始或休息时进行短暂的冥想，即使只有五分钟也可以，深呼吸三次，依次思考自我同情的三个要素。或者给自己写封信。我们往往对别人比对自己更友善，所以想象一下，你写这封信是为了安慰面临类似困难的朋友或家人。写完信后再读一遍，几天后或者当你再次需要自我同情的时候重读这封信。

情绪脱离

在第十三章中，我谈到了压抑情绪不是一种明智的应对机制，因为你的情绪很可能会泄露出去。然而，有一种情绪脱离是有效的：少关心。如果情绪异常的模式在你身上已经根深蒂固了，那么做到这点会需要一些努力。但咒语可以帮助你。用一句话来提醒你不要反复思考工作中具有挑战性的关系。也许你可以告诉自己："这跟我无关"，"这一切都会过去"，或者"关注重要的事情，这个一点也不重要"。

你也可以试着客观地看待这种情况。在情绪激烈的时候，和同事之间的棘手关系可能会让你感到筋疲力尽，此时不如问问自己，一周、一年或五年后，你对这种情况会有什么感觉。它还会像现在一样重要吗？还是像一个遥远的记忆？

如果你发现很难让自己在情绪上远离冲突，而且你常常在脑海中一遍又一遍地回放这些烦心的遭遇，那就给自己一个时间限制。设置一个10~15分钟的定时器，允许自己在脑海中回顾当时的情形，直到定时器响起；然后把你的注意力转移到其他事情上。不要允许你的难相处同事占据你的大脑空间。这可是宝贵的不动产啊！

如果你不得不去与之打交道，那你可以留意在打交道之前和之后要做什么。比如，如果你知道你要跟一个施虐者在一起待很长时间，那你可以一早起来做一些能够切实提振精神的事情。《传播快乐》（*Broadcasting Happiness*）一书的作者米歇尔·吉兰有一个赞美收集文件夹，和我在第三章中描述的类似，比如在应对一个惯性抱怨者之前，她会查看一些赞美记录，甚至看看她孩子们的照片，通过这种方式让自己进入"正确的内心世界"。

同样地，在艰难的互动之后，你可以做一些事情来帮助减压。比如给朋友发信息，出去散散步，或者听听音乐。选择一些你知道可以改善情绪并帮助你抵消与同事相处带来的负面影响的事情。这种方式会帮助你恢复状态，以及像吉兰所说的，"做好战斗准备"，当你下次不得不参与战斗的时候。

我还用了另一种方法来脱离情绪，我承认这不是最好的方法，但我发现它在最痛苦的情况下很有用。我会提醒自己，我的难相处同事每天早上醒来都不得不面对自己——一个让别人不快乐、自己可能也快乐不起来，而且还让我们的互动如此艰难的人。而我醒来却不用面对那样的自己。

接受现状

人际关系弹性的一部分在于接受这个事实，即我们不能总是拥有我们想要的关系。我们做不到和每个人和睦相处。即使你很努力地带着善意和同理心说出你的想法，人们也不一定就会开心地接受。虽然你把别人往最好去想，但他们可能不会给你同等回应。我还有最后一个咒语要分享给你，当我与同事发生争执，而且我尽了最大努力也没用的时候，这个咒语可以帮助我。

这个咒语是从一位名叫吉诺的老朋友那里得来的。几年前的夏天，我家举办了一场才艺表演，这是一年一度的传统活动，孩子们（还有一些成年人）在这里展示他们的技能，可以弹尤克里里、杂耍、读诗，也可以活灵活现地模仿猎豹。吉诺和他的搭档表演了一首歌，他们说这是从他们的一位老朋友那里学来的，这位朋友是"激进精灵"（Radical Faeries）团体的成员。"激进精灵"是一个松散的酷儿活动人士团体，致力于挑战现状和赞美古怪。

事实证明，这首歌更像是一个咒语。它很简单，只有几行字。吉诺和他的搭档唱了一遍，然后带领我们一起唱。我们一遍又一遍地唱着最后一句。

> 有时人们会生你的气……，没关系。
> 有时人们会生你的气……，没关系。
> 有时人们会生你的气……，没关系。

不管是要求一位"万事通"同事停止打断你，还是向别人解释为什么他的言论不只是一句无辜的话而是一种冒犯，你都可能让对方感到不快，甚至愤怒。这没关系。分歧是人际交往中不可避免的一部分，也是正常合理的一部分。我们的目标不是为了让途中的每一步都感觉舒适，而是为了加强你们的关系，并在这个过程中照顾好自己。

我几乎每天都会重复吉诺教我的那首歌的歌词。因为这就是咒语的意义所在——即使我们已经深深地了解了某件事，我们也可以用一点小小的提醒。

记住：这一切都是关于我们的关系

我很幸运。我喜欢与之共事并与之有过重要关系的人有很多很多。而与我有过艰难关系的人很少，这真是万幸。当然，后一类人带给我的影响可谓深重，尤其是当我深陷其中的时候。但是，当我提醒自己，一场特定的人际灾难不过只是我职场互动中的一小部分时，我就会感觉好多了，也更有信心，工作也能做得更好，无论是工作还是生活都能得到很好发展。

理想情况下，利用本书所给的建议，你将能够把一个令你深感困扰的同事变成一个合作者，甚至是朋友。但是，更现实一点的目标应该是，仅仅为了改变关系，或者改善关系，好让你不用面对那么多的冲突，从而有精力把工作做到最好。为了实现这一点，你可以先认识人际关系在工作中的重要性，理解为什么棘手的关系对你来说如此重要，然后仔细审视一下自己，做好你这一边街道的清理工作。通过探索同事的动机并尝试一些策略来改变局面，你可以找到让你觉得真实可靠的办法。当然，你还需要决心、创造力和接受能力，尤其是当事情没有按你所想的那样发展的时候。

尽力之余，不要忘了优先考虑你自己，你的健康，你的事业。你会很容易陷入和同事的冲突，在他们身上花费时间和精力。但是，不要忘记你的幸福永远都是至关重要的。

自信和冷静地处理与他人的摩擦，这种能力不只是一种工作技能，还是一种生活技能。我们经常会意见不统一，这没关系。只要我们带着尊重、同情和善意去做，它就能带来新的想法、更加牢固的关系和令人耳目一新的坦诚。这不正是我们都想要的吗？

要想做到以上这些并不容易，但是做到了我们就可以在工作和生活中拥有更好的人际关系——而我们值得拥有。

附录

我在和谁打交道？

弄清楚你同事的所属类型

有时候，你的同事属于这八种类型中的哪一种是显而易见的。看到对方无法摆脱自己头上的乌云，你立刻就能知道你面对的是一个悲观主义者。或者，你的老板明显在把你的工作成绩归功到自己头上，因为他们没有安全感，也不确定自己是否有能力胜任自己的职位。

但有些时候，人们的行为是模棱两可的。也许你的同事今天对你进行了被动攻击，然后第二天就扮演了受害者角色。一个人同时符合这些类型中的好几种，这是可能的，而且也很常见。你的同事可能是多种类型的混合体（或者我敢说，是一团糟）。

找到最适合你情况的建议，对照附表中的常见行为，标出符合你同事的行为。然后参考相应章节的策略，以此来帮你应对具体情况。

附表　八种难相处同事类型

类型	章节	常见行为
缺乏安全感的领导	三	<ul><li>过度在意别人对自己的看法</li><li>长期存在无法做出决定（或坚持决定）的问题，即使做出选择不会造成什么后果</li><li>经常改变项目或会议的方向，特别是在掌权者的建议下</li><li>抓住机会彰显自己的专业知识或资历，特别是在不必要时；在更加恶劣的情况下，还有可能通过贬低他人来突显自己的重要性</li><li>试图控制团队或项目的一切，包括人们完成工作的时间、地点甚至方式</li><li>要求每个决策和细节都得到自己的批准</li><li>不允许团队和其他部门的同事或高层领导互动，以便控制信息和资源的流动</li></ul>
悲观主义者	四	<ul><li>抱怨会议、高层领导、其他同事以及任何事情</li><li>宣称新的倡议或项目注定失败</li><li>抱着"我们已经试过了，但是失败了"的心态，尤其是在关于创新或新工作方式的讨论中</li><li>立即指出策略或行动计划的风险</li><li>说一些消极的话，即使消息或会议大多是积极的</li></ul>
受害者	五	<ul><li>为自己感到难过，并期望其他人也这样做（自怜派对啊，有人要来吗？）</li><li>出问题的时候逃避责任，将责任归咎于他人或外部因素</li><li>找各种他们不可能犯错的理由来拒绝建设性反馈</li><li>用抱怨和"我真倒霉"的态度拖别人下水</li><li>沉浸在消极情绪中</li><li>预告失败，特别是针对自身</li></ul>
被动攻击型同事	六	<ul><li>答应遵守期限之后又故意忽略截止日期</li><li>承诺发送邮件，却永远都收不到</li><li>对你无礼（比如，在会议上无视你或打断你），然后当你跟他们对质时，却又否认有问题，声称"都是你胡思乱想"或"我不知道你在说什么"</li><li>用肢体语言表达愤怒或不高兴，但嘴上却坚称自己很好</li><li>暗示他们对你的工作不满意，但拒绝站出来告诉你，或直接给你反馈</li><li>将侮辱伪装成恭维。例如，跟你说"你真是休闲范儿十足啊！"，其实可能想说"我觉得你很懒"</li><li>在争论过程中歪曲你的话，让人觉得你是那个错的人</li></ul>

类型	章节	常见行为
"万事通"	七	<ul><li>表现出一副"我说了算"的姿态</li><li>垄断谈话，拒绝被打断，喜欢插话</li><li>认为自己的想法独具优越性</li><li>拒绝倾听或听从批评或反馈</li><li>以居高临下的语气说话</li><li>解释别人已经理解的东西</li><li>很少提问或表现出好奇心</li><li>窃取或不愿分享团队成功的功劳</li><li>未经邀请擅入他人对话</li></ul>
施虐者	八	<ul><li>直接或间接地指责你对工作不够投入</li><li>设定近乎不可能达到的标准</li><li>给你分配不必要或不恰当的琐碎工作，或学术界所说的"不合规任务"</li><li>自豪地分享他们在职业生涯中做出的牺牲，而且认为你也应该做出类似的牺牲</li><li>贬低你的成就，尤其是与他们的成就相比的时候</li><li>拒绝批假或对非工作事项的灵活处理</li><li>将消极特征归于某一代人（"千禧一代懒惰且为所欲为"或"Z世代非常脆弱，他们无法承受哪怕一丁点的不适"）</li><li>否认存在系统性障碍，如性别偏见或根深蒂固的种族主义（"我能做到，我不知道为什么你做不到"）</li><li>声称他们的虐待是一种性格塑造的锻炼</li></ul>
持有偏见的同事	九	<ul><li>好像对你拥有某种积极特质深感惊讶（"你口才这么好呢"）</li><li>在多数群体成员身上属于可接受的行为被贴上了"消极"或"不专业"的标签（"你最好控制一下你的愤怒"）</li><li>因为你的身份而认为你不能胜任或对某件事不感兴趣（"我猜她可能不会想要参与这个项目。她还要照顾家里呢"）</li><li>使用带有贬损或暗含虚假的熟悉或亲密感的短语或词语（"亲爱的""老兄""大姐""小妹"）</li><li>基于刻板印象做出假设或否认某人的个人身份（"你看起来还没到当经理的年纪啊"）</li><li>表现得好像偏见或歧视根本不存在（"我不看肤色的"）</li></ul>
办公室政治操弄者	十	<ul><li>吹嘘自己的成功</li><li>抢占过多功劳</li><li>讨好掌权者或有助于其职业发展的人</li><li>表现得好像他们是负责人，即使他们不是</li><li>闲聊和散布谣言，特别是关于那些他们认为妨碍到自己的同事</li><li>推进自己的议程，通常以牺牲团队或公司目标为代价</li><li>围积信息以显得强大</li><li>故意不邀请你参加会议或不分享你工作的关键细节，借此削弱你的地位</li></ul>

读书笔记

愿我们在动荡而喧嚣的世界中
享有平静、专注和幸福

ISBN：978-7-5169-2582-9
定价：69.00 元

发现工作和生活中的最佳状态
找到热爱的事业并为之奋斗终生

ISBN：978-7-5169-2560-7
定价：65.00 元

坚持到底、采取行动、
执行和自律的艺术

ISBN：978-7-5169-2581-2
定价：69.00 元

处理工作中最艰难的人际关系
培养人际适应力、良好的工作
关系都从这里开始

ISBN：978-7-5169-2537-9
定价：69.00 元

每个年轻人必读的
减压实操指南

ISBN：978-7-5169-2522-5
定价：79.00 元

享有职场卓越绩效
非凡领导力和幸福感

ISBN：978-7-5169-2526-1
定价：79.00 元

有效提升绩效及能力的
职场必备实操指南